Galicia Mágica a través del Camino

Ourense-Santiago

Editorial: BoD • Books on Demand GmbH, In de
Tarpen 42, 22848 Norderstedt (Alemania)
Impresión: Libri Plureos GmbH, Friedensallee 273,
22763 Hamburg (Alemania)
ISBN: 978-84-1174-750-9

Galicia Mágica a través del camino , es un proyecto en el que llevo bastante tiempo involucrado, dedico este libro a todos aquellos viajeros, que quieren descubrir nuevas experiencias. En este primer libro iniciaremos el viaje por el camino Sanabrés. Esta ruta abarca 105,10 km divididos en 5 etapas. Es una buena opción para obtener la Compostela, ya que separa Ourense de Santiago por un poco más de 100 km. A lo largo del camino, disfrutarás de bosques de robles, tierras de labranza y bonitas aldeas.

Prólogo

En las verdes tierras de Galicia, donde la bruma se entrelaza con la historia, surge una ruta que ha dejado huella en el alma de los viajeros: el Camino de Santiago. A lo largo de siglos, peregrinos y curiosos han recorrido sus senderos, guiados por la fe, la búsqueda interior o simplemente la fascinación por lo desconocido.

Galicia, con su rica historia y cultura, se convierte en el telón de fondo perfecto para esta travesía. Sus bosques ancestrales, sus aldeas de piedra y sus costas escarpadas cuentan historias de héroes y leyendas. En cada paso, el eco de los antiguos romeros resuena, recordándonos que este no es solo un camino físico, sino también un viaje espiritual.

Desde la majestuosidad de la Catedral de Santiago de Compostela, donde reposan los restos del apóstol Santiago, hasta los pequeños albergues donde los pies cansados encuentran descanso, Galicia nos envuelve con su magia. Sus gentes hospitalarias, su gastronomía auténtica y sus tradiciones arraigadas nos invitan a sumergirnos en una experiencia única.

Este prólogo es un preludio a lo que está por venir. A medida que avancemos por estas páginas, descubriremos los secretos ocultos del Camino, los testimonios de aquellos que lo han recorrido y las leyendas que se entrelazan con cada piedra del sendero.

Bienvenidos a Galicia, donde el viento susurra historias y los caminos nos llevan hacia lo más profundo de nosotros mismos.

Capítulo 1

• En las orillas del río Miño, donde las aguas susurran secretos ancestrales, se alza Ourense, una ciudad milenaria que ha tejido su historia a lo largo de los siglos. Desde los primeros asentamientos prerromanos hasta su esplendor en la Edad Media, Ourense ha sido testigo de eventos trascendentales y ha dejado una huella imborrable en el corazón de Galicia.

Tal y como indica el titulo, comenzaremos nuestro viaje en la ciudad de Ourense, también conocida como Orense, es una ciudad con una rica historia que se extiende a través de milenios. Desde sus inicios como un asentamiento prerromano hasta su desarrollo en la Edad Media, Ourense ha sido testigo de eventos significativos.

En ella podremos descubrir varios monumentos, todos ellos con sus historias mágicas.

El Camino Sanabrés: Recorrido desde Ourense

El Camino Sanabrés es una de las rutas menos conocidas pero igualmente hermosas del Camino de Santiago. Comienza en Granja de Moreruela, en la provincia de Zamora, y se une con la Vía de la Plata antes de dirigirse hacia Galicia. Al pasar por Ourense, esta ruta ofrece a los peregrinos un recorrido lleno de historia, cultura y paisajes naturales. A continuación, se detalla el recorrido del Camino Sanabrés desde Ourense hasta Santiago de Compostela.

Ourense a Cea

- **Puente Romano (Ponte Vella)**: Al salir de Ourense, los peregrinos cruzan el icónico Puente Romano, un recordatorio del legado romano de la ciudad.
- **Canedo**: Poco después de cruzar el puente, los peregrinos pasan por el barrio de Canedo, conocido por sus bodegas de vino.
- **Tamallancos**: Una pequeña aldea donde los peregrinos pueden hacer una pausa antes de continuar hacia Cea.
- **Cea**: Famosa por su pan, Cea ofrece varios albergues y lugares para descansar y probar el famoso pan de Cea.

Cea a Dozón

- **Pielas**: Una pequeña aldea que ofrece un breve descanso en el camino.
- **Monasterio de Oseira**: Aunque está a unos 6 km del camino principal, muchos peregrinos optan por desviarse para visitar este impresionante monasterio cisterciense, conocido como "el Escorial de Galicia".
- **Dozón**: Una parada tranquila con opciones para alojamiento y servicios básicos.

Dozón a Lalín

- **Alto do Santo Domingo**: Un punto elevado en el camino que ofrece vistas panorámicas de los alrededores.

- **Lalín**: La capital de la comarca del Deza, donde los peregrinos pueden encontrar todos los servicios necesarios, incluyendo tiendas, restaurantes y alojamiento.

Lalín a Silleda

- **A Laxe**: Un pequeño pueblo que sirve como punto de descanso antes de llegar a Silleda.
- **Silleda**: Conocida por sus ferias agrícolas, Silleda ofrece varias opciones de alojamiento y servicios para los peregrinos.

Silleda a Ponte Ulla

- **Bandeira**: Un pequeño pueblo donde los peregrinos pueden hacer una pausa.
- **Ponte Ulla**: Situada a orillas del río Ulla, esta aldea es una parada pintoresca antes del tramo final hacia Santiago.

Ponte Ulla a Santiago de Compostela

- **A Susana**: Un pequeño pueblo que marca el inicio del tramo final.
- **Castro Lupario**: Las ruinas de una antigua fortaleza que, según la leyenda, fue el hogar de la reina Lupa.
- **Monte do Gozo**: Un punto de vista icónico desde donde los peregrinos pueden ver por primera vez las torres de la catedral de Santiago.
- **Santiago de Compostela**: El destino final, donde los peregrinos llegan a la catedral de Santiago para completar su peregrinación.

Conclusión

El recorrido del Camino Sanabrés desde Ourense hasta Santiago de Compostela es una ruta llena de historia, cultura y belleza natural. Cada etapa ofrece a los peregrinos una combinación única de desafíos y recompensas, desde los paisajes rurales de Galicia hasta los monumentos históricos y las ricas tradiciones culturales. Ourense, con su hospitalidad, servicios y atractivos turísticos, juega un papel crucial en esta peregrinación, proporcionando a los peregrinos el apoyo y el descanso necesarios para completar su viaje a Santiago de Compostela.

El Papel de Ourense en el Camino de Santiago

Introducción al Camino de Santiago

El Camino de Santiago es una de las rutas de peregrinación más importantes del mundo, atrae a miles de peregrinos cada año que viajan desde diversos puntos de Europa hacia la catedral de Santiago de Compostela, donde se cree que reposan los restos del apóstol Santiago el Mayor.

Ourense, situada en la comunidad autónoma de Galicia, juega un papel significativo en varias rutas del Camino, especialmente en la Vía de la Plata y el Camino Sanabrés.

La Vía de la Plata

Origen e Historia

La Vía de la Plata es una antigua calzada romana que conecta Sevilla con Astorga, pasando por Mérida y Salamanca antes de llegar a Galicia. Aunque originalmente no fue una ruta de peregrinación, con el tiempo se convirtió en una de las principales rutas jacobeas debido a su infraestructura romana y a la seguridad que ofrecía.

Tramo Ourensano

En su tramo gallego, la Vía de la Plata pasa por Ourense, convirtiéndola en un punto crucial para los peregrinos que vienen del sur de España. El tramo que conecta Laza con Ourense es especialmente significativo, ya que es una de las etapas más largas y exigentes del Camino. Al llegar a Ourense, los peregrinos encuentran una ciudad que combina historia, cultura y servicios de apoyo para el viajero.

Camino Sanabrés

Conexión con la Vía de la Plata

El Camino Sanabrés es una variante de la Vía de la Plata que se desvía en Granja de Moreruela, en la provincia de Zamora, para dirigirse hacia Santiago de Compostela a través de Ourense. Esta ruta ofrece una alternativa más directa a la Vía de la Plata, evitando el desvío hacia Astorga.

Atractivos del Camino Sanabrés

El tramo del Camino Sanabrés que pasa por Ourense es conocido por su belleza natural y sus monumentos históricos. Los peregrinos pueden disfrutar de paisajes impresionantes, así como de la hospitalidad de los pequeños pueblos gallegos. La llegada a Ourense marca un hito importante en el viaje, ofreciendo a los peregrinos la oportunidad de descansar y reponer fuerzas antes de continuar su peregrinación.

Ourense como Centro de Peregrinación

Hospitalidad y Servicios

Históricamente, Ourense ha sido un centro de hospitalidad para los peregrinos. Desde la Edad Media, la ciudad ha contado con hospitales y albergues dedicados a atender a los viajeros. Estos establecimientos ofrecían alojamiento, comida y cuidados médicos básicos. Aunque muchos de estos antiguos hospitales ya no existen, su espíritu de acogida perdura en los albergues y pensiones modernos que dan la bienvenida a los peregrinos hoy en día.

La Catedral de San Martiño

La catedral de San Martiño, también conocida como la catedral de Ourense, es uno de los principales puntos de interés para los peregrinos que pasan por la ciudad. Construida en el siglo XII, la catedral es un magnífico ejemplo de arquitectura románica y gótica. Su interior alberga numerosas obras de arte religioso, y el Pórtico del Paraíso es particularmente destacado por su similitud con el Pórtico de la Gloria de la catedral de Santiago de

Compostela. Los peregrinos a menudo visitan la catedral para rendir homenaje y buscar inspiración espiritual.

Termas de Ourense

Aguas Termales y Descanso

Una de las características más distintivas de Ourense son sus aguas termales. Las termas de Outariz, las Burgas y A Chavasqueira son destinos populares tanto para los lugareños como para los peregrinos. Estas aguas, conocidas por sus propiedades curativas, ofrecen un lugar ideal para que los peregrinos descansen y se recuperen después de las largas jornadas de caminata. La tradición de bañarse en las aguas termales de Ourense se remonta a la época romana, y continúa siendo una parte integral de la experiencia del Camino de Santiago en esta región.

Patrimonio y Cultura Local

Monumentos y Arquitectura

Además de la catedral de San Martiño, Ourense cuenta con otros monumentos y edificios históricos que enriquecen la experiencia de los peregrinos. El Puente Romano, también conocido como Puente Viejo, es una estructura icónica que ha facilitado el tránsito de personas y mercancías desde tiempos antiguos. Otros puntos de interés incluyen el Claustro de San Francisco, la iglesia de Santa Eufemia y el Pazo Episcopal.

Fiestas y Tradiciones

La vida cultural de Ourense también es un atractivo para los peregrinos. La ciudad celebra numerosas festividades a lo largo del año, siendo una de las más destacadas el Entroido, el carnaval gallego. Otras celebraciones importantes incluyen las fiestas de San Martiño, el patrón de la ciudad, y la Festa da Istoria, que recrea la historia medieval de Ourense. Estas festividades ofrecen a los peregrinos la oportunidad de sumergirse en la cultura local y experimentar la hospitalidad gallega de primera mano.

Infraestructura y Modernización

Albergues y Alojamiento

La modernización de la infraestructura de Ourense ha mejorado significativamente las comodidades disponibles para los peregrinos. La ciudad cuenta con una amplia gama de alojamientos, desde albergues económicos hasta hoteles de mayor categoría. Los albergues públicos y privados están bien equipados para atender las necesidades de los peregrinos, ofreciendo camas, duchas, cocina y áreas comunes para descansar y socializar.

Servicios y Suministros

Además del alojamiento, Ourense ofrece una variedad de servicios y suministros esenciales para los peregrinos. Tiendas especializadas en artículos para el Camino, farmacias, supermercados y restaurantes están disponibles en toda la ciudad. Los peregrinos pueden reabastecerse de alimentos, adquirir equipo de senderismo y disfrutar de la gastronomía local antes de continuar su viaje.

El Impacto Económico del Camino

Beneficios para la Economía Local

El Camino de Santiago ha tenido un impacto positivo en la economía de Ourense. La afluencia constante de peregrinos genera ingresos para los negocios locales, incluidos alojamientos, restaurantes y tiendas. Además, el turismo relacionado con el Camino ha fomentado la creación de empleo y ha contribuido al desarrollo de infraestructuras y servicios.

Promoción y Marketing

La importancia de Ourense en el Camino de Santiago ha llevado a las autoridades locales y regionales a invertir en la promoción y el marketing de la ciudad como destino de peregrinación. Campañas publicitarias, eventos y mejoras en las infraestructuras han sido parte de los esfuerzos para atraer a más peregrinos y turistas. Estas iniciativas no solo benefician a los peregrinos, sino que también fortalecen la economía local y promueven la cultura y el patrimonio de Ourense.

Rutas Alternativas y Conexiones

Camino de Invierno

Otra ruta que pasa cerca de Ourense es el Camino de Invierno, una alternativa menos conocida pero igualmente significativa. Esta ruta fue utilizada históricamente por los peregrinos que deseaban evitar las montañas nevadas del Cebreiro durante el invierno. Aunque el Camino de Invierno no pasa directamente por el centro de Ourense, la ciudad sirve como punto de conexión y ofrece facilidades a aquellos peregrinos que deseen desviarse ligeramente de su ruta para disfrutar de las comodidades y la cultura de la ciudad.

Conexiones con Otras Rutas

Ourense también se conecta con otras rutas de peregrinación y caminos secundarios. Esto incluye rutas que vienen del este y del sur, lo que convierte a la ciudad en un cruce de caminos para los peregrinos que viajan desde diversas partes de España y Portugal. La flexibilidad y accesibilidad de Ourense la hacen un punto de encuentro ideal para los peregrinos de distintas rutas.

Testimonios y Experiencias de Peregrinos

Historias Personales

Muchos peregrinos que han pasado por Ourense comparten historias de sus experiencias en la ciudad. Desde la bienvenida cálida en los albergues hasta la tranquilidad de las termas, Ourense deja una impresión duradera en aquellos que la visitan. Las anécdotas de peregrinos a menudo destacan la hospitalidad de los locales, la belleza de los paisajes y la riqueza histórica y cultural de la ciudad.

Impacto Espiritual y Personal

Vista nocturna de la fachada

Para muchos peregrinos, el Camino de Santiago no es solo un viaje físico, sino también una peregrinación espiritual y personal. Ourense, con su mezcla de historia, cultura y naturaleza, ofrece un entorno propicio para la reflexión y el crecimiento personal. Las experiencias vividas en la ciudad, desde visitar la catedral hasta sumergirse en las termas, contribuyen al impacto profundo y transformador del Camino de Santiago.

Conclusión

El papel de Ourense en el Camino de Santiago es multifacético y esencial. Como punto de parada en la Vía de la Plata y el Camino Sanabrés, la ciudad ofrece a los peregrinos una combinación única de historia, cultura y servicios modernos. Desde sus aguas termales hasta su catedral, Ourense enriquece la experiencia del Camino, proporcionando un refugio acogedor y una oportunidad para la reflexión y el descanso. La ciudad no solo apoya a los peregrinos en su viaje hacia Santiago de Compostela, sino que también se beneficia de la vitalidad económica y cultural que el Camino trae consigo. La relación simbiótica entre Ourense y el Camino de Santiago continúa fortaleciendo la identidad y el patrimonio de esta histórica ciudad gallega.

La Catedral de Ourense

Dedicada a San Martín, es el principal monumento religioso de la ciudad. Edificado entre los siglos XII y XIII, este templo tiene honores de basílica menor desde el año 1867, según Breve Pontificio del papa Pío IX firmado el 30 de junio de ese año1. Considerado uno de los grandes templos románicos de España, su recoleta belleza, sobria elegancia y luminosidad equilibrada sorprenden al visitante y al fiel que se adentran en el templo.

Vista de la Catedral de San Martín

Existen dos teorías sobre el levantamiento de la poderosa fábrica catedralicia durante los siglos XII y XIII. Algunos estudios la sitúan sobre el mismo solar de la primitiva basílica del período suevo. Mientras que según otros autores, el antiguo templo suevo estaría situado en el lugar que hoy ocupa la iglesia de Santa María Madre. En la construcción de la fachada barroca de esta iglesia, se reutilizaron unas antiguas columnas y capiteles de mármol que bien pudieron haber formado parte de aquella primitiva catedral. Antes del comienzo de la construcción, la invasión musulmana supuso una merma económica y demográfica que no se superó hasta la repoblación efectuada por Alfonso III en torno al año 900.

El estilo predominante es el románico, con influencias del austero cisterciense, ya con formas constructivas que evidencian el canto de cisne del románico a las puertas del empuje constructivo del novedoso gótico. Durante los siglos XIV y XV, se completan los distintos espacios de la arquitectura catedralicia, de acusados trazos medievales, elevándose entre 1499 y 1505 el bello cimborrio siguiendo el diseño gótico flamígero, que con los siglos, se convertirá en la seña externa más característica de la Catedral.

En cuanto al interior del templo, tiene planta de cruz latina y en sus muros, el arte conservado se extiende desde la Edad Media hasta prácticamente nuestros días. De la primitiva cabecera de triple ábside, hoy solo queda el central, que se une a las tres naves separadas por pilares cruciformes, arcos doblados y apuntados, con bóvedas de crucería.

Las vidrieras son un elemento crucial en la Catedral de Ourense. Estas coloridas ventanas de vidrio no solo embellecen el interior del templo, sino que también desempeñan un papel significativo:

- Luz y Belleza Artística:
- Las vidrieras permiten que la luz natural se filtre en el interior de la catedral, creando un ambiente luminoso y espiritual.
- Su belleza artística, con colores vibrantes y diseños elaborados, aporta una dimensión visual única al espacio sagrado.
- Narración Visual:
- Las vidrieras cuentan historias bíblicas y escenas religiosas a través de imágenes.
- Los fieles podían aprender sobre la fe y la doctrina a través de estas representaciones visuales, especialmente en una época en la que la mayoría no sabía leer ni escribir.
- Simbolismo y Devoción:

Cada vidriera tiene un simbolismo específico. Por ejemplo, el uso de colores como el azul (representando el cielo) o el rojo (simbolizando la sangre de Cristo).

Las vidrieras también inspiraban devoción y meditación, invitando a los fieles a contemplar los misterios de la fe.

La Catedral de Ourense está envuelta en leyendas y misterios que han perdurado a lo largo de los siglos. Aquí te presento algunos:

1. El Tcsoro Escondido: Se dice que en algún lugar de la Catedral existe un tesoro oculto. Algunos creen que está enterrado bajo el altar mayor, mientras que otros sugieren que se encuentra en pasadizos secretos o criptas. Sin embargo, hasta ahora, nadie ha logrado encontrarlo.

2. La Campana de las Ánimas: En la torre de la Catedral, se encuentra una campana conocida como "la campana de las ánimas". Según la leyenda, su sonido es capaz de liberar a las almas atrapadas en el purgatorio. Cada noche, a medianoche, la campana suena sola, sin que nadie la toque.

3. La Puerta del Paraíso: En el lado sur de la Catedral, hay una puerta tallada con figuras bíblicas y escenas del Juicio Final. Se cree que aquel que la atraviese quedará absuelto de sus pecados. Sin embargo, la puerta solo se abre cada 100 años, y nadie sabe cuándo será la próxima

Campanario

apertura.

4. El Fantasma del Obispo: Se cuenta que el fantasma del obispo Diego Gelmírez, fundador de la Catedral de Santiago, vaga por los pasillos de la Catedral de Ourense. Algunos afirman haber visto su figura vestida con ropas episcopales antiguas.

La Campana de las Ánimas en la Catedral de Ourense es una pieza llena de misterio y leyenda. Aquí está su historia:

- Origen y Significado: Fundida en el año 1551, esta campana se encuentra en desuso debido a una fisura. Era conocida como la "campana de señales". Su inscripción en latín dice: "Fue llevado Jesús a Pilatos en la hora de prima. En la hora de tercia gritaban ¡crucifícalo! En la hora de sexta llevaron a Jesús a la Cruz. En la hora de nona expiró Jesús."
- <u>Función Especial: La campana de las ánimas marca el inicio de las misas, el cierre de la catedral y la solemnidad en el canto del Gloria durante el Jueves Santo y la Vigilia Pascual en el Sábado Santo1.</u>

Aunque no suena actualmente, su historia y simbolismo perduran en la memoria de la catedral.

La creencia de que el sonido de la Campana de las Ánimas libera a las almas del purgatorio está arraigada en la tradición religiosa y popular. Aunque no hay evidencia científica que respalde esta idea, la leyenda sugiere que cuando la campana suena, las almas sufrientes pueden encontrar alivio y avanzar hacia la paz eterna.

En la mentalidad medieval, las campanas tenían un poder simbólico y espiritual. Se creía que su resonancia tenía la capacidad de ahuyentar a los demonios, bendecir a los fieles y ayudar a las almas en su tránsito hacia el más allá. Por lo tanto, el sonido de la Campana de las Ánimas se asociaba con la liberación de las almas atrapadas en el purgatorio, permitiéndoles avanzar hacia la salvación.

Aunque hoy en día interpretamos estas creencias desde una perspectiva más simbólica y cultural, la tradición persiste como parte del folclore y la espiritualidad ligada a la Catedral de Ourense

La Leyenda del Tesoro Escondido en la Catedral de Ourense

La Catedral de San Martín de Tours en Ourense, con su rica historia y arquitectura, ha sido el centro de numerosas leyendas a lo largo de los siglos. Una de las más intrigantes es la leyenda del tesoro escondido, una historia que ha capturado la imaginación de muchos y ha dado lugar a búsquedas y especulaciones continuas.

Origen de la Leyenda

La leyenda del tesoro escondido de la Catedral de Ourense se remonta a la Edad Media, una época de invasiones y conflictos constantes en la península ibérica. Durante este tiempo, la región de Galicia, como muchas otras partes de España, fue objeto de incursiones por parte de distintos grupos, incluyendo vikingos, normandos y, más tarde, tropas musulmanas y bandas de saqueadores.

Para proteger las valiosas posesiones de la catedral, incluyendo reliquias sagradas, objetos litúrgicos de oro y plata, y documentos históricos de gran importancia, los monjes y clérigos decidieron ocultar estos tesoros en un lugar seguro dentro del complejo catedralicio. Según la leyenda, el lugar elegido fue tan secreto y bien protegido que, con el paso del tiempo y los cambios en el personal clerical, su ubicación exacta se perdió.

Descripciones del Tesoro

Las descripciones del tesoro varían, pero generalmente incluyen:

- Reliquias Sagradas: Se dice que el tesoro incluye huesos de santos, fragmentos de la cruz y otros artefactos religiosos de inmenso valor espiritual y material.
- Objetos Litúrgicos: Cálices, cruces procesionales, candelabros y otros objetos de culto elaborados en oro, plata y piedras preciosas.
- Documentos Históricos: Manuscritos antiguos, bulas papales, y otros documentos que relatan la historia temprana de la catedral y la diócesis de Ourense.

- Joyas y Monedas: Joyas donadas por nobles y reyes devotos, así como monedas de oro y plata acuñadas en diversas épocas.

Los Intentos de Descubrimiento

A lo largo de los siglos, han habido numerosos intentos de localizar el tesoro escondido. Estas búsquedas se han llevado a cabo tanto por personas motivadas por la fe y la devoción, como por cazadores de tesoros y arqueólogos. Algunos de los lugares explorados incluyen:

- La Cripta: Bajo la catedral se encuentra una cripta que ha sido objeto de diversas excavaciones. Aunque se han encontrado restos arqueológicos interesantes, el tesoro sigue eludiendo a los buscadores.
- Túneles Subterráneos: Se dice que existen túneles secretos que conectan la catedral con otros edificios históricos de Ourense. Estos túneles han sido explorados en varias ocasiones, pero hasta ahora no se ha encontrado el tesoro.
- Paredes y Columnas: Algunos creen que el tesoro podría estar oculto dentro de las gruesas paredes de la catedral o en columnas huecas. Sin embargo, las búsquedas utilizando técnicas modernas, como el radar de penetración terrestre, no han dado resultados concluyentes.

Hipótesis y Teorías

Existen varias teorías sobre el paradero del tesoro. Algunas de las más populares incluyen:

- El Tesoro Nunca Existió: Algunos historiadores sugieren que la leyenda del tesoro podría ser una invención destinada a disuadir a los saqueadores al hacerles creer que el tesoro ya había sido escondido de manera segura.
- El Tesoro Fue Movido: Otra teoría es que el tesoro fue trasladado en secreto a otro lugar seguro, posiblemente a un monasterio o a una fortaleza en tiempos de crisis, y que el conocimiento de su nueva ubicación se perdió con el tiempo.
- El Tesoro Está Protegido por un Secreto Monástico: Algunos creen que el tesoro sigue escondido en la catedral y que su ubicación es conocida solo por un pequeño grupo de monjes o clérigos que han jurado mantener el secreto.

Impacto en la Cultura Local

La leyenda del tesoro escondido ha tenido un profundo impacto en la cultura y el folclore de Ourense. Ha inspirado historias, libros y guías turísticas, y ha mantenido viva la curiosidad sobre la historia de la catedral. Además, ha atraído a numerosos visitantes y buscadores de tesoros, cada uno con la esperanza de ser el afortunado que descubra el legendario tesoro.

Pozo de agua bendita

La leyenda del tesoro escondido en la Catedral de Ourense es un fascinante capítulo de la historia de este magnífico edificio. Aunque hasta la fecha no se ha encontrado ninguna evidencia concluyente del tesoro, la búsqueda continúa, alimentada por la esperanza, la curiosidad y el deseo de desvelar uno de los misterios más intrigantes de la historia de Galicia. Ya sea que el tesoro exista o no, la leyenda sigue siendo un elemento vital del rico patrimonio cultural y espiritual de Ourense.

La Leyenda del Pozo del Agua Bendita en la Catedral de Ourense

La Catedral de San Martín de Tours en Ourense, con su historia centenaria, no solo es un monumento de fe y arte, sino también un lugar envuelto en leyendas que enriquecen su misticismo. Una de las leyendas más perdurables es la del pozo del agua bendita, una historia que ha fascinado a los fieles y visitantes durante generaciones.

Origen de la Leyenda

La leyenda del pozo del agua bendita se remonta a los primeros días de la construcción de la catedral en el siglo XII. Según la tradición, durante las excavaciones para los cimientos del templo, los obreros encontraron un manantial subterráneo. Al principio, este hallazgo se consideró una simple fuente de agua natural, pero pronto se descubrió que tenía propiedades extraordinarias.

Se dice que San Martín de Tours, el patrón de la catedral, apareció en una visión a los clérigos locales y les indicó que el agua de ese pozo tenía poderes curativos, bendecida por su propia mano divina. Desde entonces, el pozo se convirtió en un lugar sagrado, y el agua que brotaba de él fue utilizada en rituales y ceremonias religiosas.

Propiedades del Agua Bendita

La leyenda atribuye al agua del pozo una serie de propiedades milagrosas:

- Curación de Enfermedades: Se cree que el agua del pozo tiene la capacidad de curar diversas dolencias físicas. Numerosos testimonios hablan de personas que, tras beber o aplicarse el agua, experimentaron alivio de sus enfermedades.
- Protección Espiritual: Además de sus propiedades curativas, se considera que el agua ofrece protección

contra el mal y las influencias negativas. Muchos fieles la utilizan para bendecir sus hogares y proteger a sus seres queridos.

- Poderes Rejuvenecedores: Otra creencia popular es que el agua tiene efectos rejuvenecedores, manteniendo a quienes la usan jóvenes y saludables por más tiempo.

La Ubicación del Pozo

El pozo se encuentra en una parte discreta de la catedral, accesible a los visitantes que buscan el agua bendita para sus necesidades espirituales y físicas. Está ubicado cerca de la entrada principal, protegido por una sencilla pero elegante estructura de piedra que refleja la antigüedad y la importancia del lugar.

Ritual y Devoción

El ritual asociado con el pozo del agua bendita es sencillo pero profundamente significativo. Los visitantes suelen llenar pequeños recipientes con el agua, llevándola consigo para utilizarla en sus hogares. Además, muchos peregrinos realizan una oración especial antes de recoger el agua, pidiendo la intercesión de San Martín de Tours para que la bendición y el poder curativo del agua les acompañen.

Durante las festividades importantes, especialmente en el día de San Martín (11 de noviembre), el pozo se convierte en un foco de devoción. Los fieles hacen largas filas para acceder al agua, y se realizan ceremonias especiales que incluyen la bendición del agua por parte del obispo o de otros altos clérigos de la catedral.

Testimonios y Milagros

A lo largo de los siglos, se han documentado numerosos testimonios de milagros atribuidos al agua del pozo. Entre los relatos más destacados se encuentran:

- Curación de la Ceguera: Se cuenta la historia de un hombre ciego que recuperó la vista después de lavarse los ojos con el agua del pozo.
- Recuperación de la Movilidad: Una mujer que había perdido la capacidad de caminar debido a una enfermedad desconocida pudo levantarse y andar después de beber el agua bendita y orar fervientemente en la catedral.
- Sanación de Heridas: En tiempos de guerra y conflictos, los soldados heridos acudían al pozo para lavar sus heridas, encontrando alivio y sanación que desafiaban las explicaciones médicas de la época.

Investigaciones y Creencias Modernas

En tiempos modernos, aunque la ciencia no ha confirmado las propiedades milagrosas del agua del pozo, la fe y la devoción de los fieles continúan siendo fuertes.

Investigadores y curiosos han estudiado el pozo y el agua, encontrando que, aunque el agua es pura y potable, su poder reside más en la creencia y la fe de quienes la usan que en cualquier propiedad física comprobable.

La leyenda del pozo del agua bendita sigue siendo una parte vital del patrimonio espiritual de la Catedral de Ourense. Atrae a peregrinos y visitantes de todo el mundo, ofreciendo un punto de conexión entre el pasado y el presente, y manteniendo viva la rica tradición de milagros y devoción que ha caracterizado a la catedral durante siglos.

Conclusión

La leyenda del pozo del agua bendita en la Catedral de Ourense es un hermoso ejemplo de cómo la fe y las tradiciones pueden imbuir un lugar con un profundo sentido de lo sagrado. Aunque la veracidad de las propiedades milagrosas del agua pueda ser objeto de debate, la devoción y las historias de los fieles continúan haciendo del pozo un lugar de esperanza y espiritualidad. La catedral, con su mezcla de historia, arte y leyendas, sigue siendo un faro de fe y misterio en el corazón de Galicia.

La Leyenda de la Encantada

1. El Origen de la Leyenda

La leyenda de la Encantada de Santo Cristo tiene varias versiones, todas ellas impregnadas de misterio y maravilla. Una de las más populares cuenta que, durante la noche, la imagen del Santo Cristo cobra vida y desciende de su altar para recorrer la catedral y sus alrededores. Se dice que su presencia trae consigo una sensación de paz y que aquellos afortunados que han presenciado este fenómeno han experimentado curaciones milagrosas.

2. La Encantada y el Misterio de la Catedral

Otra versión de la leyenda sugiere que la Encantada es una figura femenina que aparece junto al Santo Cristo en momentos de gran necesidad. Según esta historia, una joven doncella, vestida de blanco y con un rostro resplandeciente, se manifiesta en la catedral para proteger la imagen sagrada y a los fieles que acuden en busca de ayuda. La identidad de la Encantada es un enigma, pero muchos creen que es un ángel enviado por Dios para velar por el Santo Cristo y su pueblo.

Milagros y Devoción

1. Relatos de Milagros

Numerosos relatos de milagros han sido asociados con el Santo Cristo y la Encantada. Se cuenta que durante una plaga que asoló Ourense en el siglo XVI, los habitantes acudieron en masa a la catedral, rogando al Santo Cristo por protección. La leyenda narra que la Encantada apareció y, con su presencia, la plaga fue detenida milagrosamente, salvando a la ciudad de la devastación.

Otro milagro famoso ocurrió en el siglo XVIII, cuando un incendio amenazó con destruir la catedral. Según los testigos, las llamas se extinguieron repentinamente cuando la Encantada apareció, dejando a salvo la imagen del Santo Cristo y la estructura del templo.

2. Testimonios Contemporáneos

Santo Cristo de Ourense

En tiempos más recientes, los fieles siguen reportando experiencias milagrosas relacionadas con el Santo Cristo y la Encantada. Desde curaciones inexplicables hasta intervenciones en momentos de peligro, la devoción al Santo Cristo continúa viva, alimentada por los testimonios de aque llos que han sido tocados por su gracia.

Celebraciones y Rituales

1. La Festividad del Santo Cristo

La festividad del Santo Cristo, celebrada cada 14 de septiembre, es uno de los eventos religiosos más importantes de Ourense. Durante esta jornada, la catedral se llena de fieles que participan en misas, procesiones y actos de devoción. La imagen del Santo Cristo es llevada en procesión por las calles de la ciudad, acompañada por cánticos y oraciones.

2. Rituales y Devociones Populares

Ade más de la festividad anual, los devotos del Santo Cristo par ticipan en diversas prácticas religiosas a lo largo del año. Muchos acuden a la catedr al par a encender velas,  hacer promesas y dejar ofrendas en agradecimiento por favores recibidos. La Encantada también juega un papel en estas devociones, con altares y velas dedicados a su misteriosa figura.

La Fe que Perdura

La leyenda de la Encantada de Santo Cristo es un testimonio de la profunda fe y espiritualidad de los habitantes de Ourense. Más allá de los milagros y las apariciones, esta historia refleja el poder de la devoción y la esperanza que la imagen del Santo Cristo inspira en sus seguidores. En cada generación, la Encantada sigue siendo un símbolo de protección y amor divino, recordando a todos que, en momentos de necesidad, siempre hay luz y consuelo en la fe.

La Iglesia de Santa Eufemia

La Iglesia de Santa Eufemia, situada en el corazón del casco antiguo de Ourense, es uno de los monumentos más emblemáticos de la ciudad. Su rica historia y arquitectura barroca la convierten en un lugar de gran interés tanto para los lugareños como para los turistas.

Historia

La iglesia está dedicada a Santa Eufemia, una mártir cristiana del siglo III. Aunque la construcción actual data del siglo XVII, se cree que en su lugar hubo una iglesia más antigua. La Iglesia de Santa Eufemia ha sido un importante centro religioso y cultural a lo largo de los siglos.

Arquitectura

La Iglesia de Santa Eufemia es un excelente ejemplo del estilo barroco gallego. Aquí se destacan varios elementos arquitectónicos y decorativos:

• Fachada Principal: La fachada principal, imponente y detallada, está adornada con esculturas y relieves que representan escenas religiosas. Destaca la figura de Santa Eufemia en el centro, flanqueada por columnas salomónicas y decoraciones florales.
• Interior: El interior de la iglesia es igualmente impresionante, con una nave central amplia y alta. Las capillas laterales están ricamente decoradas con altares y retablos barrocos.
• Retablo Mayor: El retablo mayor es una obra maestra del arte barroco, con intrincadas tallas de madera dorada que representan escenas de la vida de Cristo y de Santa Eufemia.
• Cúpula y Crucero: La cúpula, situada en el crucero de la iglesia, está decorada con frescos que añaden un toque celestial al espacio interior.

Patrimonio Artístico

La Iglesia de Santa Eufemia alberga una rica colección de arte sacro, que incluye:

• Esculturas: Varias esculturas de santos, algunas de las cuales datan del siglo XVII, adornan el interior de la iglesia. Estas esculturas son notables por su realismo y detalles.
• Pinturas: La iglesia cuenta con varias pinturas al óleo que representan escenas bíblicas y religiosas.
• Objetos Litúrgicos: Entre los tesoros de la iglesia se encuentran objetos litúrgicos antiguos, como

cálices, copones y relicarios, muchos de ellos elaborados en plata y oro.

Significado Cultural

La Iglesia de Santa Eufemia no solo es un lugar de culto, sino también un importante centro cultural. A lo largo del año, se celebran en ella diversas festividades religiosas y eventos culturales que atraen a numerosos visitantes. Entre las más destacadas están:

• Fiesta de Santa Eufemia: Celebrada el 16 de septiembre, esta fiesta incluye procesiones, misas solemnes y actividades culturales que celebran la vida de la santa.

• Conciertos y Recitales: Gracias a su excelente acústica, la iglesia es un lugar popular para conciertos de música clásica y recitales corales.

El Entorno

La Iglesia de Santa Eufemia está situada en una de las zonas más pintorescas de Ourense. El casco antiguo, con sus calles empedradas y edificios históricos, ofrece un ambiente encantador que complementa la majestuosidad de la iglesia. Cerca de la iglesia, los visitantes pueden encontrar otros puntos de interés, como la Catedral de Ourense, el Puente Romano y las famosas termas.

El Puente Romano de Ourense, también conocido como Ponte Vella (Puente Viejo), es uno de los monumentos más emblemáticos de la ciudad y una de las estructuras más importantes de la ingeniería romana en Galicia. Su historia, que abarca varios siglos, es un testimonio de la pericia constructiva romana y de la importancia estratégica de Ourense en la antigüedad y la Edad Media.

Orígenes Romanos

El puente original fue construido en el siglo I d.C. durante la época del emperador romano Trajano, aunque algunas fuentes sugieren que pudo haberse iniciado en tiempos de Augusto. Su construcción se debió a la necesidad de conectar la vía romana que unía Bracara Augusta (actual Braga en Portugal) con Asturica Augusta (actual Astorga en España), pasando por la provincia de Ourense. Esta vía era una importante ruta comercial y militar, y el puente facilitaba el cruce del río Miño, que es uno de los principales ríos de Galicia.

Estructura Original

El diseño del puente romano original incluía varias características destacadas:

●

.Arcos de Medio Punto: El puente estaba compuesto por arcos de medio punto, típicos de la arquitectura romana, que permitían una distribución uniforme del peso y una mayor durabilidad.

• Sillería de Granito: Utilizando bloques de granito, los romanos construyeron el puente para que resistiera las fuertes corrientes del río Miño y el paso del tiempo.

• Longitud y Anchura: Aunque las dimensiones exactas del puente original no se conocen con certeza, se estima que tenía una longitud considerable para abarcar el ancho del río y una anchura suficiente para el paso de vehículos y peatones.

Reconstrucciones y Modificaciones

A lo largo de los siglos, el Puente Romano de Ourense ha sufrido varias reconstrucciones y modificaciones debido a daños causados por inundaciones, guerras y el desgaste del tiempo. Algunas de las etapas más importantes en su historia incluyen:

• Edad Media: Durante la Edad Media, el puente fue reforzado y parcialmente reconstruido. La mayoría de los arcos originales fueron reemplazados o reparados. En esta época, el puente también adquirió un carácter defensivo, con la inclusión de una torre central que controlaba el paso.

• Renacimiento y Edad Moderna: En los siglos XVI y XVII, el puente fue objeto de nuevas reparaciones y mejoras. Se añadió un arco principal más alto y amplio, que es uno de los elementos más distintivos del puente actual.

• Siglo XIX: En 1860, el puente sufrió una importante remodelación bajo la dirección del ingeniero Eduardo de Alarcos, quien introdujo modificaciones que le dieron su forma actual. Se añadieron nuevos arcos y se mejoraron los cimientos para reforzar su estructura.

El Puente en la Actualidad

Hoy en día, el Puente Romano de Ourense sigue siendo una estructura imponente y funcional. Aunque solo algunos elementos originales romanos permanecen, el puente es una mezcla de diferentes épocas que refleja su larga y compleja historia. Es peatonal y ofrece a los visitantes una vista impresionante del río Miño y la ciudad de Ourense.

Significado Cultural y Turístico

El Puente Romano de Ourense no solo es una obra maestra de la ingeniería antigua, sino también un símbolo de la ciudad y su historia. Es un lugar de encuentro para los lugareños y un punto de interés turístico destacado. A lo largo del año, se celebran diversos eventos culturales y festividades en sus alrededores, reforzando su papel como un centro vital de la comunidad.

Leyendas y Curiosidades

El Puente Romano de Ourense, también conocido como Ponte Vella, no solo es una impresionante obra de ingeniería histórica, sino que también está envuelto en un halo de misterio y leyendas que han perdurado a lo largo de los siglos. A continuación, se presentan algunas de las leyendas más conocidas asociadas a este emblemático puente.

La Leyenda del Puente del Diablo

Una de las leyendas más populares es la del "Puente del Diablo", una historia que se repite en varios lugares con puentes antiguos y que resalta el desafío de su construcción.

La Historia:

Según esta leyenda, cuando los romanos decidieron construir el puente sobre el río Miño, se encontraron con numerosos obstáculos que hacían imposible completar la obra. Desesperados, los constructores invocaron al Diablo para que les ayudara a terminar el puente.

El Diablo aceptó ayudarles, pero a cambio pidió el alma de la primera persona que cruzara el puente una vez terminado. Los constructores, temerosos pero decididos, aceptaron el trato. Al finalizar la construcción, idearon un plan para engañar al Diablo: soltaron un perro (o un gallo, según otra versión de la leyenda) para que fuera el primero en cruzar.

Enfurecido por el engaño, el Diablo intentó destruir el puente lanzando una gran roca desde la cima de una colina cercana, pero la intervención divina lo detuvo, y la roca quedó incrustada en el suelo. Desde entonces, el puente ha permanecido en pie, y la roca del Diablo es un recordatorio de esta historia.

La Leyenda de la Reina Lupa

Otra leyenda relacionada con el Puente Romano de Ourense es la de la Reina Lupa, una figura mítica en la historia gallega.

La Historia:
La Reina Lupa era una poderosa y temida señora feudal que gobernaba sobre una vasta región en Galicia. Según la leyenda, cuando los discípulos del Apóstol Santiago viajaban por Galicia llevando el cuerpo del santo, pidieron ayuda a la Reina Lupa. Ella, buscando deshacerse de ellos, les indicó que construyeran un puente sobre el río Miño.

Sin embargo, los discípulos lograron construir el puente con la ayuda divina. A pesar de los obstáculos, incluido un enorme dragón que custodiaba la otra orilla del río, lograron atravesarlo. Al ver esto, la Reina Lupa quedó impresionada y finalmente se convirtió al cristianismo, ayudando a los discípulos en su misión. El puente se considera un símbolo de fe y milagro asociado con esta historia.

La Leyenda del Espíritu Guardián

Se dice que un espíritu guardián habita en el Puente Romano, protegiendo a quienes lo cruzan y manteniendo la estructura a salvo de daños.

La Historia:
Según esta leyenda, un antiguo centurión romano que murió durante la construcción del puente fue enterrado cerca de sus cimientos. Su espíritu, agradecido por haber sido honrado, decidió quedarse y vigilar el puente. A lo largo de los siglos, ha habido numerosos relatos de personas que afirman haber visto una figura fantasmal vestida con armadura romana caminando por el puente durante la noche.

Este espíritu guardián es considerado un protector del puente, asegurando que permanezca en pie y que quienes lo cruzan estén a salvo. Algunos habitantes de Ourense todavía dejan pequeñas ofrendas en las orillas del río en agradecimiento al espíritu guardián.

La Leyenda del Tesoro Escondido

Otra leyenda habla de un tesoro escondido bajo uno de los pilares del Puente Romano.

La Historia:
Durante la Edad Media, cuando los normandos atacaron Galicia, se dice que los habitantes de Ourense escondieron

Burgas de abajo

un gran tesoro bajo uno de los pilares del puente para protegerlo de los saqueadores. Este tesoro, compuesto de oro, joyas y objetos sagrados, nunca ha sido encontrado, a pesar de los numerosos intentos a lo largo de los siglos.

La leyenda sostiene que el tesoro está protegido por una maldición, y que solo una persona de corazón puro y noble puede desenterrarlo. Hasta el día de hoy, la historia del tesoro escondido sigue siendo una fuente de fascinación y misterio.

As Burgas

Las Burgas son una serie de manantiales de aguas termales situados en el centro de la ciudad de Ourense, Galicia. Estas aguas han sido un recurso natural importante desde tiempos antiguos, y su historia está estrechamente vinculada con el desarrollo y la cultura de la ciudad. A continuación, se detalla la rica y fascinante historia de las Burgas.

Orígenes y Época Romana

Las Burgas son conocidas por sus aguas termales, que emergen a temperaturas que oscilan entre los 60 y 67 grados Celsius. Los orígenes de su uso se remontan a la época romana, cuando los romanos descubrieron estas aguas termales y comenzaron a aprovechar sus propiedades curativas.

•   Termas Romanas: Los romanos construyeron unas termas en el lugar, aprovechando las propiedades medicinales de las aguas. Se cree que las Burgas formaban parte de un conjunto termal más grande, donde los ciudadanos romanos acudían para relajarse y beneficiarse de las aguas termales. Las excavaciones arqueológicas han revelado restos de estructuras romanas, como piscinas y sistemas de canalización, que confirman la importancia de este sitio en la antigüedad.

•   El nombre "As Burgas" se refiere a un conjunto de fuentes termales situadas en la ciudad de Ourense, en Galicia, España. El origen del nombre "As Burgas" tiene varias teorías, pero todas están relacionadas con el contexto histórico y geográfico de la región.

1.   **Etimología Germánica**: Una teoría sugiere que el nombre "Burgas" podría derivar de la raíz germánica "burg", que significa "fortaleza" o "ciudad fortificada". Esto

estaría relacionado con la existencia de asentamientos fortificados en la región durante la época de los suevos, un pueblo germánico que se asentó en Galicia en el siglo V.

2. **Idioma Latín**: Otra teoría sugiere que "Burgas" podría derivar del latín "burga" o "burca", que podría estar relacionado con una especie de fortificación o estructura defensiva. Sin embargo, esta teoría es menos común y tiene menos respaldo etimológico.

3. **Relación con el Agua**: Es posible que el nombre tenga una relación directa con las fuentes termales y su entorno natural. En gallego, "burga" se puede asociar a un manantial de agua caliente, lo cual tiene sentido dada la naturaleza de As Burgas como fuentes termales.

En resumen, aunque no hay una certeza absoluta sobre el origen del nombre "As Burgas", la teoría más aceptada es que está relacionado con términos que denotan fortificaciones o estructuras defensivas, probablemente influenciado por la presencia de los suevos en la región y su uso del término "burg" para referirse a asentamientos fortificados. Además, el término podría haberse adaptado localmente para referirse a las fuentes termales que caracterizan el lugar.

Edad Media y Renacimiento

Durante la Edad Media, las Burgas continuaron siendo un lugar importante para la comunidad local. Aunque la documentación histórica de esta época es escasa, se sabe que las aguas termales seguían siendo valoradas por sus propiedades curativas. En el Renacimiento, se realizaron algunas mejoras en las instalaciones, lo que permitió un uso más estructurado y cómodo de las aguas.

Siglos XVIII y XIX

En los siglos XVIII y XIX, las Burgas de Ourense experimentaron un resurgimiento en popularidad. Durante este tiempo, las autoridades locales comenzaron a reconocer formalmente el valor de las aguas termales y se realizaron varias mejoras en las instalaciones.

• Construcción de la Fuente Nueva: En 1803, se construyó la "Fuente Nueva" (As Burgas Novas), un edificio neoclásico que albergaba una nueva fuente termal. Esta estructura se convirtió en un punto focal de la vida social de la ciudad.

• Mejoras Urbanísticas: Durante el siglo XIX, las Burgas fueron objeto de varias mejoras urbanísticas. Se construyeron baños públicos y se acondicionaron los alrededores para hacerlos más accesibles y atractivos para los visitantes.

Siglo XX y Actualidad

A lo largo del siglo XX, las Burgas de Ourense siguieron siendo un lugar popular tanto para los lugareños como para los turistas. Las autoridades municipales continuaron mejorando y manteniendo las instalaciones, promoviendo las aguas termales como una atracción turística clave.

• Restauraciones y Excavaciones: En la segunda mitad del siglo XX y principios del XXI, se llevaron a cabo varias campañas de restauración y excavación arqueológica en las Burgas. Estos trabajos han revelado más detalles sobre el uso histórico de las aguas termales y han ayudado a preservar el sitio para las futuras generaciones.

• Declaración de Bien de Interés Cultural: En 1975, las Burgas fueron declaradas Bien de Interés Cultural, reconociendo su importancia histórica y cultural para la ciudad de Ourense y para Galicia en general.

- **Complejo Termal:** En la actualidad, las Burgas son parte de un complejo termal que incluye la "Burga de Arriba" (una fuente medieval), la "Burga de Abaixo" (construida en el siglo XIX) y la "Burga Nueva" (del siglo XVIII). El complejo ofrece a los visitantes la oportunidad de disfrutar de las aguas termales en un entorno histórico y bien conservado.

Propiedades Medicinales

Las aguas de las Burgas son famosas por sus propiedades medicinales. Son aguas termales, ligeramente radioactivas y de mineralización débil, con un alto contenido en sílice, lo que les confiere propiedades beneficiosas para la piel y para el tratamiento de diversas afecciones reumáticas y dermatológicas.

Leyendas de las Burgas.

Las Burgas de Ourense no solo son conocidas por sus propiedades termales y su rica historia, sino también por las fascinantes leyendas que las rodean. Estas historias han sido transmitidas de generación en generación, enriqueciendo el patrimonio cultural de la ciudad y añadiendo un toque de misterio a las aguas termales. A continuación, se presentan algunas de las leyendas más populares asociadas con las Burgas de Ourense.

La Leyenda de la Princesa Moura

Una de las leyendas más conocidas es la de la Princesa Moura, que se entrelaza con la mitología gallega de las mouras, seres míticos que habitan en fuentes, cuevas y ruinas antiguas.

La Historia:
Cuenta la leyenda que, durante la época de la ocupación musulmana en la Península Ibérica, una princesa moura vivía en un castillo cercano a las Burgas. La princesa era famosa por su extraordinaria belleza y su bondad. Un día, un joven cristiano llamado Rodrigo llegó a la región y, al verla, se enamoró perdidamente de ella. Sin embargo, su amor era imposible debido a las diferencias religiosas y culturales.

Desesperado por estar cerca de su amada, Rodrigo se dirigía a las Burgas todos los días, pues había oído que las aguas termales tenían propiedades mágicas que podrían ayudarlo a ganar el corazón de la princesa. Una noche, mientras se bañaba en las aguas, apareció la figura etérea de la princesa moura, quien le reveló que estaba encantada y que solo un amor verdadero podría romper el hechizo. Rodrigo juró que su amor por ella era sincero y, según la leyenda, su devoción y la magia de las aguas termales finalmente rompieron el encantamiento, permitiendo que los dos estuvieran juntos.

La Leyenda de San Martiño

Otra leyenda muy arraigada es la de San Martiño, el patrón de Ourense, y su conexión con las Burgas.

La Historia:
San Martiño de Tours, un santo muy venerado en Galicia, habría pasado por Ourense durante sus viajes. Se dice que cuando llegó a la ciudad, se encontró con una gran multitud de enfermos que sufrían de diversas dolencias. Movido por la compasión, San Martiño oró fervientemente y golpeó el suelo con su bastón, haciendo brotar milagrosamente las aguas termales de las Burgas.

Las aguas, bendecidas por el santo, adquirieron propiedades curativas y desde entonces han sido utilizadas por los habitantes de Ourense para tratar sus enfermedades. Esta leyenda destaca el poder milagroso de las aguas y su conexión con la espiritualidad y la fe cristiana.

La Leyenda de las Ninfas del Miño

El río Miño, que pasa por Ourense, también está relacionado con una serie de leyendas sobre ninfas y espíritus del agua.

La Historia:
Según esta leyenda, en las profundidades del río Miño y cerca de las Burgas, vivían hermosas ninfas que cuidaban de las aguas y sus alrededores. Estas ninfas eran vistas como protectoras de las fuentes termales y se decía que sus cantos y danzas mantenían la pureza y la salud de las aguas.

Una de las historias cuenta que un joven pastor se enamoró de una de estas ninfas. Cada noche, él se acercaba sigilosamente a las Burgas para escuchar su canto y observar sus danzas. La ninfa, conmovida por el amor del pastor, le permitió acercarse y bañarse en las aguas sagradas, otorgándole así fuerza y salud. Los habitantes de Ourense creen que las ninfas aún vigilan las Burgas, asegurando que las aguas sigan siendo una fuente de bienestar.

La Leyenda del Soldado Romano

Otra leyenda interesante se remonta a la época romana y narra la historia de un soldado herido que encontró cura en las aguas termales.

La Historia:
Se cuenta que durante la construcción de las termas romanas en Ourense, un soldado romano resultó gravemente herido en una batalla cercana. Incapaz de moverse y con pocas esperanzas de sobrevivir, el soldado fue llevado a las Burgas por sus compañeros. Allí, lo sumergieron en las aguas calientes, esperando que aliviara su dolor.

Milagrosamente, las heridas del soldado comenzaron a sanar rápidamente. Agradecido por esta curación inesperada, el soldado dedicó el resto de su vida a proteger las Burgas y a compartir con otros las propiedades curativas de las aguas. Esta historia refuerza la creencia en el poder sanador de las aguas termales y su importancia desde tiempos antiguos.

Ferias y fiestas

Ourense, una ciudad rica en cultura y tradiciones en el corazón de Galicia, celebra numerosas ferias y fiestas a lo largo del año que reflejan su vibrante patrimonio. Estas celebraciones ofrecen una excelente oportunidad para experimentar la música, la gastronomía y las costumbres locales. Aquí te presento algunas de las más destacadas:

Festividad de San Martiño "Magosto"

- Fecha: 11 de noviembre

- **Descripción:** San Martiño es el patrón de Ourense, y su festividad se celebra con una feria popular que incluye música, fuegos artificiales, puestos de comida y artesanía. Es una de las festividades más importantes de la ciudad.

La "Festa do Magosto" es una de las tradiciones más arraigadas y celebradas en Ourense, así como en otras partes de Galicia y regiones del norte de España. Esta festividad tiene lugar en noviembre y coincide con la recolección de las castañas, un fruto muy significativo en la gastronomía gallega.

Origen y Significado

El Magosto celebra la llegada del otoño y el final de la cosecha. Tiene raíces ancestrales, vinculadas con rituales celtas de agradecimiento a la naturaleza por los frutos recibidos. Durante el Magosto, la comunidad se reúne para asar castañas, simbolizando la abundancia y el compartir.

Celebración en Ourense

En Ourense, el Magosto se celebra con gran entusiasmo y participación comunitaria. Las actividades típicas incluyen:

- **Asado de castañas:** Las castañas se asan al aire libre, generalmente sobre brasas en grandes tambores o en fogatas. Los asistentes disfrutan de las castañas calientes, a menudo acompañadas de vino nuevo o "augardente" (aguardiente gallego).
- **Actividades culturales:** Durante el Magosto, se organizan diversas actividades culturales que incluyen música tradicional gallega, bailes folclóricos y juegos populares para niños y adultos.

- se organizan 

Concursos y talleres: A menudo concursos de asado de castañas, talleres de manualidades relacionadas con el otoño y sesiones educativas sobre la naturaleza y la historia de la festividad.

- Comida y bebida: Además de las castañas, es común que se sirvan otros productos típicos de la temporada como chorizos, empanadas y otros productos locales. El ambiente es festivo y familiar, con una fuerte presencia de la gastronomía gallega.

Espíritu Comunitario

El Magosto no solo es una celebración de la cosecha y el otoño, sino también una expresión del espíritu comunitario y la identidad cultural de Ourense. La festividad fomenta el encuentro entre generaciones, la convivencia y el fortalecimiento de lazos comunitarios.

Lugar de Celebración

Aunque el Magosto se celebra en múltiples localizaciones por toda la ciudad de Ourense, los parques más grandes y las plazas públicas son los escenarios más comunes para estas celebraciones, aprovechando los espacios abiertos para las fogatas y las actividades grupales.

La "Festa do Magosto" en Ourense es, en definitiva, una experiencia cultural rica y vibrante que ofrece una ventana a las tradiciones gallegas, y es una oportunidad perfecta para que tanto locales como visitantes se sumerjan en la comunidad y sus costumbres.

Carnaval (Entroido)

Representación de una escena típica gallega

marzo, dependiendo del calendario litúrgico.

•	Descripción: Ourense celebra el Carnaval con gran entusiasmo, destacando por sus desfiles coloridos, trajes tradicionales y máscaras. Los "Peliqueiros" de Laza son especialmente famosos y atraen a muchos visitantes.

Fiesta de los Mayos

•	Fecha: 1 de mayo
•	Descripción: Esta fiesta celebra la llegada de la primavera con la creación y exhibición de "mayos" (figuras decorativas hechas de flores y plantas). Acompañada de música y danzas tradicionales, es una expresión del folklore gallego.
En épocas remotas, los gallegos celebraban la llegada de la primavera y el final del crudo invierno y propiciaban de este modo la obtención de buenas cogidas. En los tiempos actuales, las fiestas de los mayos son la última manifestación folclórica que festeja en Galicia el final del invierno. Se construyen figuras con elementos naturales, como musgo,

flores silvestres, huevos, palos y alrededor de ellas se cantan, con acompañamiento de palos, coplas y canciones irónicas y críticas con hechos o personajes de actualidad. En Ourense, se convoca todos los años un Concurso de Mayos y Coplas en el que participan todo tipo de grupos y colectivos sociales y culturales.

Los mayos ourensanos son construcciones figurativas, castizas (entre los que dominan los de forma cónica o piramidal, hechos con entramados de varas o cañas, recubiertos con plantas y decorados con naranjas bravas o huevos) o artísticas (más modernos, representaciones de monumentos, hórreos, barcos, actividades cotidianas...). Estos mayos son portados en andas por sus creadores entre cientos de personas que participan de la fiesta y se pueden contemplar en la Alameda, Parque de San Lazaro y Plaza Mayor.

Fiesta de San Xoán

- Fecha: 23 de junio
- Descripción: La noche de San Juan se celebra con hogueras, rituales de purificación, y sardinas asadas. Es una noche mágica donde el fuego es el gran protagonista, siguiendo una tradición que mezcla elementos paganos y cristianos.

Feria Medieval de Ourense

- Fecha: Normalmente en junio
- Descripción: Esta feria transforma el casco antiguo de Ourense en un bullicioso mercado medieval con artesanos, juglares, y espectáculos de época. Es una inmersión en la historia y las tradiciones medievales.

Festival Internacional de Cine de Ourense (OUFF)

- Fecha: Octubre
- Descripción: El OUFF es un evento destacado para los aficionados al cine, presentando una selección de películas internacionales y españolas, además de fomentar la industria cinematográfica local.

Festival de Teatro

- Fecha: Septiembre
- Descripción: Este festival ofrece una amplia gama de obras de teatro, desde clásicos hasta piezas contemporáneas, con la participación de compañías locales e internacionales.

Estas fiestas no solo son una forma de mantener vivas las tradiciones, sino también una oportunidad para que tanto los ourensanos como los visitantes disfruten y participen en la rica vida cultural de la ciudad.

Capítulo 2

"Cea a Dozón"

Cea o San Cristovo de Cea, es una pequeña localidad en la provincia de Ourense, Galicia, España, conocida por su historia rica y sus monumentos emblemáticos. Aunque es una comunidad pequeña, tiene una herencia cultural notable que refleja la historia más amplia de Galicia.

Historia de CEA

Cea tiene sus raíces en la época romana, como muchas localidades de Galicia. Sin embargo, su desarrollo más significativo ocurrió durante la Edad Media. Durante este tiempo, se consolidó como una parroquia importante dentro del Reino de Galicia. La agricultura, especialmente el cultivo de cereales, y la ganadería fueron las principales actividades económicas durante siglos. Además, la ubicación en una ruta de peregrinación secundaria hacia Santiago de Compostela le otorgó importancia religiosa y cultural.

Monumentos y Lugares de Interés

Iglesia de Santa María de Cea

La Iglesia Parroquial de San Cristovo de Cea es uno de los principales monumentos religiosos del municipio de San Cristovo de Cea. Este templo es un reflejo del patrimonio histórico y espiritual de la región y es un punto central para la comunidad local.

Historia

La iglesia se remonta a la época medieval, aunque ha sufrido varias reformas y ampliaciones a lo largo de los siglos, especialmente durante los periodos barroco y neoclásico. Cada una de estas etapas históricas ha dejado su huella en la estructura y decoración del edificio.

- Origen Medieval: La iglesia original fue construida en un estilo románico sencillo, característico de las iglesias rurales gallegas de la época.
- Reformas Barrocas y Neoclásicas: Durante los siglos XVII y XVIII, la iglesia fue ampliada y renovada, incorporando elementos barrocos y neoclásicos que aún se pueden apreciar hoy en día.

Arquitectura

La arquitectura de la Iglesia Parroquial de San Cristovo de Cea es una combinación de estilos que reflejan su evolución histórica.

- Fachada: La fachada principal es de estilo neoclásico, con una entrada flanqueada por columnas y un frontón triangular. Encima del frontón, se eleva una torre campanario que es visible desde varios puntos del pueblo.

- **Nave:** El interior de la iglesia está compuesto por una nave principal amplia con un techo de bóveda de cañón. Las paredes están decoradas con pilastras y molduras barrocas.
- **Capillas Laterales:** A ambos lados de la nave principal, hay varias capillas laterales que contienen altares dedicados a diferentes santos y vírgenes. Estas capillas son ejemplos del arte religioso local, con retablos ricamente decorados.

Interior y Decoración

El interior de la iglesia es un espacio que invita a la reflexión y la devoción, con varios elementos artísticos y arquitectónicos de interés.

- **Retablo Mayor:** El retablo mayor es una impresionante pieza de estilo barroco, adornada con esculturas y relieves que representan escenas de la vida de Cristo y de San Cristovo. Este retablo es uno de los tesoros artísticos de la iglesia.
- **Pinturas y Esculturas:** La iglesia alberga varias pinturas y esculturas de gran valor artístico. Entre ellas se destacan las imágenes de la Virgen María y varios santos, que son objeto de veneración por parte de los feligreses.
- **Vidrieras:** Las vidrieras de la iglesia, aunque no son tan antiguas como otros elementos, añaden un toque de color y luz al interior, representando escenas bíblicas y motivos religiosos.

Funciones y Celebraciones

La Iglesia Parroquial de San Cristovo de Cea es un lugar de culto activo y un centro importante para la vida religiosa y comunitaria de la localidad.

•   Misas y Sacramentos: Se celebran misas regularmente, así como otros sacramentos como bautismos, bodas y funerales.

•   Fiestas Patronales: Una de las celebraciones

Vista exterior del Monasterio

más importantes es la fiesta de San Cristovo, el patrón de la iglesia, que tiene lugar en julio. Durante esta fiesta, se realizan procesiones, misas solemnes y diversas actividades culturales y sociales.

•   Eventos Comunitarios: La iglesia también sirve como lugar de encuentro para eventos comunitarios y actividades culturales, fortaleciendo el tejido social de la comunidad.

Entorno y Accesibilidad

La iglesia está situada en el centro del pueblo, lo que la convierte en un punto de referencia y fácil acceso para los visitantes.

- Plaza de la Iglesia: Frente a la iglesia se encuentra una plaza que sirve como lugar de reunión y celebración de eventos al aire libre. Esta plaza es un espacio abierto y acogedor, rodeado de edificios históricos y con una

Antigua sala capitular o de las palmeras

fuente central.
- Accesibilidad: La iglesia es accesible para personas con movilidad reducida, con rampas y accesos adaptados.

Monasterio de Oseira (Santa Maria La Real)

Aunque no está en Cea, el cercano Monasterio de Oseira es un importante centro histórico y cultural que ha influido en la región. Este monasterio cisterciense, fundado en el siglo XII, es conocido como "El Escorial gallego" debido a su

Yacente Dom Arias, en la capilla de S.Andrés

tamaño y majestuosidad. Ha sido un centro espiritual y de peregrinación durante siglos y sigue siendo un lugar de visita obligada para los interesados en la historia y la arquitectura religiosa.

El Monasterio de Oseira, también conocido como el "Escorial gallego", es uno de los monumentos más importantes de la provincia de Ourense y un destacado ejemplo del patrimonio cisterciense en Galicia.

Historia del Monasterio de Oseira

El Monasterio de Santa María la Real de Oseira fue fundado en 1137 por un grupo de monjes cistercienses que llegaron a Galicia desde el Monasterio de Claraval, en Francia. Su fundación se enmarca en el movimiento cisterciense, caracterizado por una vuelta a la vida monástica más austera y contemplativa, en contraposición al estilo de vida más relajado que habían adoptado algunos monasterios benedictinos.

A lo largo de los siglos, el monasterio experimentó periodos de esplendor y decadencia. Durante el siglo XIII, vivió su época dorada, con una gran influencia económica y social en la región. En los siglos XVI y XVII, el monasterio fue reformado, añadiéndose elementos renacentistas y barrocos a su estructura original.

El monasterio sufrió un importante declive en el siglo XIX, especialmente durante la desamortización de Mendizábal en 1835, cuando los monjes fueron expulsados y el edificio quedó abandonado. No fue hasta el siglo XX, en 1929, cuando los monjes regresaron y comenzaron las obras de restauración que han permitido conservar este importante conjunto arquitectónico.

Dom Arias fue una figura notable en la historia del Monasterio de Oseira, siendo su abad más destacado durante el siglo XIII. Su liderazgo fue fundamental para la expansión y consolidación del monasterio como un importante centro religioso y cultural en Galicia. A continuación, se presenta una visión detallada de la vida y contribuciones de Dom Arias:

Vida y Liderazgo de Dom Arias

Ascenso a la Abadía

• **Elección:** Dom Arias fue elegido abad del Monasterio de Oseira en un momento crucial de su historia, cuando la comunidad monástica buscaba consolidar sus propiedades y su influencia en la región.

- **Época:** Su liderazgo se desarrolló durante la primera mitad del siglo XIII, un periodo de crecimiento y estabilidad para la orden cisterciense.

Contribuciones y Logros

- **Expansión Territorial:** Bajo su liderazgo, el Monasterio de Oseira expandió significativamente sus propiedades, adquiriendo tierras que aumentarían su riqueza y autosuficiencia. Estas tierras no solo incluían áreas agrícolas sino también bosques y pastizales.
- **Desarrollo Económico:** Dom Arias implementó mejoras en las técnicas agrícolas y en la gestión de los recursos del monasterio, haciendo de Oseira uno de los centros monásticos más prósperos de Galicia.
- **Reformas Internas:** Introdujo reformas para fortalecer la disciplina monástica y la observancia de la Regla de San Benito, asegurando que la comunidad mantuviera un alto estándar de vida espiritual y comunitaria.

Construcción y Arquitectura

- **Edificaciones:** Durante su mandato, se llevaron a cabo importantes obras de construcción y renovación en e l monasterio, consolidando su infraestructura y embelleciendo sus instalaciones. Se completaron partes significativas de la iglesia y los claustros.
- **Estilo:** Las edificaciones reflejan el estilo arquitectónico cisterciense, caracterizado por la simplicidad y la funcionalidad, con un énfasis en la austeridad y la belleza austera.

Influencia Espiritual y Cultural

Vida Espiritual

- **Espiritualidad:** Dom Arias promovió una intensa vida espiritual dentro de la comunidad, enfocándose en la oración, el trabajo manual y el estudio. Su liderazgo espiritual inspiró a muchos monjes y fortaleció la vida monástica en Oseira.
- **Escritos:** Aunque no se conservan muchos escritos personales de Dom Arias, su influencia se puede rastrear en los documentos y crónicas del monasterio, que reflejan su enfoque en la disciplina y la piedad.

Relaciones con la Comunidad

- **Interacción con la Sociedad:** Dom Arias también jugó un papel importante en las relaciones del monasterio con la comunidad local y con otros centros monásticos. Fomentó alianzas y colaboraciones que beneficiaron a Oseira y a la región en general.
- **Hospitalidad:** Bajo su liderazgo, el monasterio se destacó por su hospitalidad, recibiendo a peregrinos y visitantes con generosidad, lo cual fortaleció su reputación y su influencia.

Legado

Impacto Duradero

- **Continuidad:** El impacto de Dom Arias en el Monasterio de Oseira se extendió mucho más allá de su vida. Las reformas y las expansiones que implementó sentaron las bases para la prosperidad y la estabilidad del monasterio en los siglos siguientes.

• **Memoria:** Dom Arias es recordado como uno de los abades más importantes en la historia de Oseira, y su liderazgo es considerado un modelo de buen gobierno monástico.

Monumentos y Recordatorios

• **Monumentos:** Aunque no hay monumentos específicos dedicados exclusivamente a Dom Arias, su legado se preserva en la estructura misma del Monasterio de Oseira y en los documentos históricos que detallan su administración.

• **Celebraciones:** En algunas ocasiones, el monasterio y la comunidad local han conmemorado su liderazgo con celebraciones y eventos que recuerdan su contribución a la historia de Oseira.

Características Arquitectónicas

El Monasterio de Oseira combina elementos románicos, góticos, renacentistas y barrocos, resultado de las sucesivas ampliaciones y reformas a lo largo de los siglos.

Iglesia Monástica

• **Planta:** La iglesia tiene una planta de cruz latina, con tres naves y tres ábsides.

• **Estilo:** Predominantemente gótico cisterciense, con elementos románicos en sus partes más antiguas.

• **Fachada:** La fachada principal es sobria y austera, característica del estilo cisterciense.

- **Interior:** Destacan el retablo mayor y las capillas laterales, que muestran una combinación de estilos debido a las reformas barrocas y renacentistas.

Claustros

- **Claustro Reglar:** De estilo románico, es uno de los elementos más antiguos del monasterio. Su estructura es sencilla y funcional, acorde con la espiritualidad cisterciense.
- **Claustro Procesional:** De estilo renacentista, con elegantes arcadas y una fuente central.
- **Claustro de los Caballeros:** Añadido en el siglo XVII, presenta una decoración más elaborada.

Sala Capitular

- **Estilo:** Románico, con arcos de medio punto y capiteles esculpidos.
- **Uso:** Era el lugar de reunión de los monjes para tomar decisiones importantes sobre la vida monástica.

Biblioteca y Refectorio

- **Biblioteca:** Alberga una valiosa colección de manuscritos y libros antiguos.
- **Refectorio:** De grandes dimensiones, con una bóveda de cañón y decoración austera.

Vida Monástica y Turismo

Hoy en día, el Monasterio de Oseira sigue siendo un lugar de vida monástica activa. Los monjes cistercienses que habitan el monasterio se dedican a la oración, el trabajo y la acogida de visitantes y peregrinos. El monasterio también es conocido por la producción de miel y otros productos artesanales.

El Monasterio de Oseira es un destino turístico importante en Galicia, y está abierto al público para visitas guiadas. Los visitantes pueden explorar las diferentes partes del monasterio, aprender sobre su historia y apreciar su impresionante arquitectura.

La Fuente de Santa María en el Monasterio de Oseira es uno de los elementos más emblemáticos y cargados de historia de este monasterio cisterciense. A continuación, te detallo su historia, características y leyendas asociadas:

Historia de la Fuente de Santa María

La Fuente de Santa María se encuentra en el claustro del monasterio y tiene una importancia especial tanto histórica como simbólica. Se dice que fue construida en el siglo XIII, durante una de las etapas de expansión y consolidación del monasterio. La fuente servía no solo como un recurso vital de agua para los monjes, sino también como un lugar de meditación y encuentro espiritual.

Características de la Fuente

•	**Diseño:** La fuente es de estilo románico y presenta una estructura sencilla pero elegante, acorde con la austeridad cisterciense. Está compuesta por una pileta central de piedra tallada y varias canalizaciones que distribuyen el agua.
•	**Ubicación:** Se encuentra en el centro del claustro reglar, rodeada de un entorno de arcos y columnas que proporcionan un ambiente de tranquilidad y reflexión.

- **Decoración:** Aunque su diseño es austero, la fuente tiene detalles escultóricos en sus bordes y en la pileta central, que a menudo incluyen motivos vegetales y simbólicos.

Leyendas y Mitos Asociados

El Milagro del Agua

Una de las leyendas más conocidas sobre la Fuente de Santa María es la del milagro del agua. Se cuenta que durante una gran sequía que afectó a la región, los monjes se vieron en serias dificultades para obtener agua. Después de muchas oraciones y súplicas a la Virgen María, un manantial milagroso apareció en el lugar donde hoy se encuentra la fuente. Este manantial no solo salvó a la comunidad monástica de la escasez, sino que también se convirtió en un símbolo de la intervención divina y la protección de la Virgen.

La Virgen de la Leche

Otra leyenda ligada a la fuente es la de la Virgen de la Leche. Se dice que una imagen de la Virgen María amamantando al Niño Jesús fue colocada cerca de la fuente. Los peregrinos y visitantes acudían a la fuente para beber de sus aguas y rezar a la Virgen, pidiendo favores y milagros. La imagen de la Virgen de la Leche es venerada por su capacidad de conceder milagros, especialmente relacionados con la fertilidad y la salud infantil.

Importancia Espiritual y Cultural

La Fuente de Santa María no solo tiene una importancia funcional y arquitectónica, sino que también es un símbolo espiritual significativo. Representa la pureza y la vida espiritual del monasterio, y es un lugar de encuentro para la comunidad monástica y los peregrinos que visitan Oseira.

- **Lugar de Meditación:** La fuente es un lugar donde los monjes y visitantes pueden sentarse y meditar, escuchando el sonido calmante del agua y reflexionando sobre su vida espiritual.
- **Símbolo de Pureza:** El agua de la fuente es vista como un símbolo de pureza y renovación espiritual, y muchos visitantes beben de ella con la esperanza de obtener bendiciones y curación.

Visitas y Turismo

Los visitantes del Monasterio de Oseira pueden explorar la Fuente de Santa María como parte de las visitas guiadas que se ofrecen en el monasterio. La fuente, junto con los claustros y otros elementos arquitectónicos, es una de las paradas destacadas en el recorrido.

- **Visitas Guiadas:** Las visitas guiadas al monasterio incluyen una parada en la Fuente de Santa María, donde los guías explican su historia, características y leyendas asociadas.
- **Participación Espiritual:** Los visitantes también pueden participar en momentos de oración y meditación cerca de la fuente, aprovechando su ambiente tranquilo y espiritual.

Fundación y Primeros Años de los Monjes Cistercienses

Contexto Histórico

- **Finales del Siglo XI:** La vida monástica en Europa estaba en crisis. Muchos monasterios benedictinos se habían alejado de la Regla de San Benito, adoptando estilos de vida más relajados y acumulando riquezas.
- **Reforma Monástica:** En este contexto, Roberto de Molesmes y un grupo de monjes decidieron fundar una nueva comunidad que volviera a los principios originales del monaquismo benedictino.

Fundación en Cîteaux

- **1098:** Roberto de Molesmes, junto con Alberico y Esteban Harding, fundan el Monasterio de Cîteaux en un valle aislado en Borgoña, Francia.
- **Aprobación Papal:** El Papa Urbano II apoyó la fundación de Cîteaux, otorgándoles la libertad de seguir una interpretación más estricta de la Regla de San Benito.

Expansión y Desarrollo

Primeras Filiales

- **Múltiples Fundaciones:** Durante los primeros años, Cîteaux fundó varias abadías filiales, incluyendo La Ferté, Pontigny, Clairvaux y Morimond, que se convirtieron en centros de expansión.
- **San Bernardo de Claraval:** Ingresó en Cîteaux en 1112 con un grupo de 30 compañeros. En 1115, fue enviado a fundar la Abadía de Clairvaux, que se convirtió en uno de los centros más influyentes de la orden del Cister..

San Bernardo de Claraval

- **Influencia:** Bernardo se destacó como un gran teólogo y predicador, escribiendo numerosas obras espirituales y teológicas. Su carisma y habilidades organizativas ayudaron a expandir la orden.

- **Cruzadas:** Fue un ferviente defensor de las Cruzadas, predicando la Segunda Cruzada en 1146.

Características de la Orden

Vida Monástica

- **Regla de San Benito:** Los cistercienses siguen estrictamente la Regla de San Benito, enfatizando la oración (Opus Dei), el trabajo manual y la lectura (Lectio Divina).
- **Simplicidad y Austeridad:** En contraste con otras órdenes monásticas, los cistercienses evitaban la ornamentación excesiva en sus iglesias y vivían de manera más austera.

Arquitectura

- **Estilo:** Las abadías cistercienses son conocidas por su arquitectura románica y gótica temprana, caracterizadas por la simplicidad y la funcionalidad.
- **Elementos:** Las iglesias cistercienses suelen tener plantas de cruz latina, con naves largas y techos altos. Los claustros y refectorios son sencillos pero elegantes.
- **Materiales:** Preferían el uso de materiales locales y la piedra sin pulir, lo que reflejaba su compromiso con la austeridad y la humildad.

Economía

- **Agricultura:** Los cistercienses introdujeron y perfeccionaron técnicas agrícolas avanzadas, convirtiendo terrenos baldíos en tierras fértiles.

- **Industria:** Establecieron molinos, herrerías y otras industrias. También son conocidos por su producción de vino y cerveza.

Crisis y Reformas

Decadencia

- **Siglos XIV y XV:** La orden enfrentó una crisis debido a la relajación de la disciplina, la injerencia de nobles y reyes, y las guerras.
- **Desamortización:** En varios países europeos, las propiedades monásticas fueron confiscadas, especialmente durante la Reforma Protestante y las Revoluciones Francesa y Española.

Reformas

- **Orden de la Estricta Observancia (Trapenses):** Fundada en 1664 por el abad de La Trappe, Armand-Jean de Rancé, buscaba una vuelta a la austeridad original. Los trapenses siguen una vida de mayor rigor, incluyendo el voto de silencio y una dieta más austera.
- **Vaticano II:** El Concilio Vaticano II (1962-1965) impulsó una renovación espiritual y litúrgica dentro de la orden, promoviendo una mayor adaptación a los tiempos modernos sin perder la esencia monástica.

Contribuciones y Legado

Espiritualidad y Teología

- **San Bernardo de Claraval:** Sus escritos, como los sermones sobre el Cantar de los Cantares, siguen siendo influyentes en la teología y espiritualidad cristiana.

• **Liturgia:** La liturgia cisterciense, con su énfasis en la simplicidad y la belleza austera, ha influido en la reforma litúrgica de la Iglesia Católica.

Cultura y Educación

• **Manuscritos:** Los monasterios cistercienses fueron importantes centros de copia y preservación de manuscritos durante la Edad Media.

• **Educación:** Aunque no se enfocaron tanto en la enseñanza externa como los benedictinos, los cistercienses contribuyeron significativamente al desarrollo de la educación monástica.

Agricultura y Economía

• **Innovación Agrícola:** Los cistercienses introdujeron métodos avanzados de cultivo y gestión de tierras que transformaron la agricultura europea.

• **Productos Monásticos:** Hoy en día, muchos monasterios cistercienses y trapenses son conocidos por sus productos, como el queso, la cerveza, el vino, y otros artículos artesanales.

Presencia Actual

Monasterios Activos

• **Globalización:** La orden tiene monasterios en todo el mundo, desde Europa hasta América, África y Asia.

• **Vocaciones:** Aunque han enfrentado desafíos, como la disminución de vocaciones, siguen atrayendo a nuevos miembros y adaptándose a las necesidades contemporáneas.

Turismo y Espiritualidad

- **Retiro Espiritual:** Muchos monasterios cistercienses ofrecen programas de retiro y hospedaje para aquellos que buscan una experiencia espiritual profunda.
- **Visitas Turísticas:** Las abadías cistercienses, con su rica historia y arquitectura impresionante, son destinos turísticos populares.

Leyendas e Historias

El Milagro del Peregrino Ciego

La leyenda cuenta que en la Edad Media, un peregrino ciego que viajaba hacia Santiago de Compostela llegó a CEA. Exhausto y sediento, se detuvo en la fuente de Santa María para descansar. Desconocido para él, la fuente tenía fama de poseer propiedades curativas, y los lugareños la consideraban bendecida.

El peregrino, en su desesperación, lavó sus ojos con el agua de la fuente mientras rezaba fervientemente a la Virgen María, cuya imagen estaba presente en la iglesia cercana. Para asombro del peregrino y de los habitantes de CEA, su vista fue restaurada milagrosamente. Este evento fue interpretado como un milagro, atribuido a la intercesión de la Virgen María y a las propiedades milagrosas del agua de la fuente.

Consecuencias del Milagro

La noticia del milagro se difundió rápidamente, y la fuente de Santa María se convirtió en un lugar de peregrinación. Gente de todas partes de Galicia y de más allá comenzó a visitar la fuente con la esperanza de curar sus propias dolencias y enfermedades. La iglesia de Santa María de CEA también ganó fama y se convirtió en un importante punto de referencia en las rutas de peregrinación a Santiago de Compostela.

La Leyenda del Monasterio de Oseira

El Monasterio de Oseira, cercano a CEA, también tiene su parte de leyendas. Una de las más conocidas es la del "Tesoro de Oseira". Según la leyenda, durante la invasión napoleónica, los monjes escondieron un gran tesoro en los laberintos subterráneos del monasterio para protegerlo de los saqueadores. Aunque se han realizado muchas búsquedas, el tesoro nunca ha sido encontrado, alimentando la imaginación y el misterio alrededor del lugar.

El Monasterio de Oseira, situado cerca de CEA en la provincia de Ourense, es una joya de la arquitectura cisterciense en Galicia y está envuelto en una serie de leyendas que añaden un aire de misterio y fascinación a su ya rica historia. Una de las leyendas más intrigantes y conocidas es la del "Tesoro de Oseira".

La Leyenda del Tesoro de Oseira

Contexto Histórico

Durante la invasión napoleónica a principios del siglo XIX, muchas iglesias y monasterios en España fueron saqueados y destruidos. Los soldados franceses, en busca de riquezas para financiar sus campañas militares, no dudaron en profanar lugares sagrados para apoderarse de sus tesoros.

La Leyenda

Según la leyenda, los monjes del Monasterio de Oseira, conscientes del peligro que representaban los soldados napoleónicos, decidieron esconder su valioso tesoro para protegerlo. Este tesoro consistía en objetos litúrgicos de gran valor, reliquias sagradas, libros antiguos y posiblemente grandes cantidades de oro y plata.

Para asegurar su seguridad, los monjes habrían utilizado los intrincados pasadizos subterráneos y las catacumbas del monasterio, que se dice que forman un laberinto complejo y difícil de navegar. Estos pasadizos fueron construidos originalmente como rutas de escape y para proteger a los monjes en tiempos de conflicto, y resultaron ser el escondite perfecto para el tesoro.

Búsquedas y Misterio

A lo largo de los siglos, han surgido muchas historias de personas que intentaron encontrar el tesoro escondido del Monasterio de Oseira. Se han realizado numerosas búsquedas, tanto por aventureros como por historiadores y arqueólogos, pero nadie ha logrado encontrar rastro del supuesto tesoro.

Se dice que aquellos que se aventuran en los pasadizos subterráneos sin el conocimiento adecuado se pierden fácilmente, y que el tesoro está protegido por maldiciones y por la propia estructura laberíntica del lugar. Las leyendas también mencionan la aparición de figuras espectrales y extraños ruidos nocturnos que disuaden a los buscadores.

Impacto Cultural

La leyenda del tesoro ha contribuido significativamente al atractivo místico del Monasterio de Oseira. Esta historia no solo añade una capa de misterio y aventura al lugar, sino que también refleja la tumultuosa historia de Galicia durante las invasiones napoleónicas y la resistencia de sus habitantes para proteger su patrimonio cultural y religioso.

Hoy en día, el Monasterio de Oseira sigue siendo un destino importante para turistas y peregrinos. Además de su impresionante arquitectura y su serenidad espiritual, la leyenda del tesoro escondido continúa capturando la imaginación de quienes visitan el lugar, manteniendo vivo el misterio y el encanto del pasado.

El Pan de Cea y el Horno Encantado

El Pan de Cea, originario del municipio de San Cristovo de Cea en la provincia de Ourense, Galicia, es conocido por su calidad y sabor excepcionales. Este pan, que ha sido elaborado de manera tradicional durante siglos, no solo es famoso por su delicioso gusto, sino también por la fascinante leyenda que rodea su origen: la historia del horno encantado.

Elaboración Tradicional del Pan de Cea

La elaboración del Pan de Cea es un proceso artesanal que se sigue respetando rigurosamente:

• Ingredientes: El pan se hace con harina de trigo, agua, sal y masa madre. La masa madre es un cultivo de levaduras y bacterias naturales que fermenta la masa, aportando un sabor característico y una textura especial.
• Fermentación: La masa se deja fermentar durante un largo período, lo que permite el desarrollo de sabores complejos y una miga más aireada y esponjosa.
• Amasado y Formado: La masa se amasa a mano y se forma en hogazas características, llamadas "molete" y "bolo", que se reconocen por su forma ovalada y alargada.
• Cocción: Las hogazas se cuecen en hornos de leña, que son esenciales para obtener la corteza crujiente y el sabor ahumado que distingue al Pan de Cea. La temperatura y la distribución del calor en estos hornos son factores cruciales para el éxito del pan.

La Tradición del Pan de Cea

El Pan de Cea se caracteriza por su elaboración artesanal, que incluye ingredientes de alta calidad y un proceso de fermentación y cocción muy cuidadoso. Los ingredientes principales son harina de trigo, agua, sal y masa madre. La receta se ha transmitido de generación en generación, y los panaderos de Cea mantienen los métodos tradicionales que dan como resultado un pan con una corteza crujiente y una miga densa y sabrosa.

La Leyenda del Horno Encantado

Según la leyenda, hace muchos siglos, una panadera llamada Isabel vivía en el pueblo de San Cristovo de Cea. Isabel era conocida por su habilidad para hacer pan, pero un día encontró un antiguo horno abandonado en un bosque cercano mientras recogía leña. El horno, construido de piedra y cubierto de musgo, parecía haber sido olvidado durante mucho tiempo. Intrigada por su hallazgo, Isabel decidió limpiar el horno y utilizarlo para hornear su pan.

La primera vez que Isabel utilizó el horno, algo extraordinario sucedió: el pan que salió de este horno tenía un sabor y una textura que nunca había logrado antes. Era crujiente por fuera, con una miga suave y esponjosa por dentro, y un aroma irresistible. Los vecinos del pueblo quedaron maravillados con el pan y comenzaron a decir que debía ser obra de una magia especial.

Una noche, mientras Isabel horneaba, una anciana misteriosa apareció en la puerta del horno. La anciana, con una mirada sabia y una sonrisa amable, le dijo a Isabel que el horno estaba bendecido. Según la anciana, el horno había sido construido por sus antepasados, quienes eran conocedores de antiguos secretos de panadería y magia.

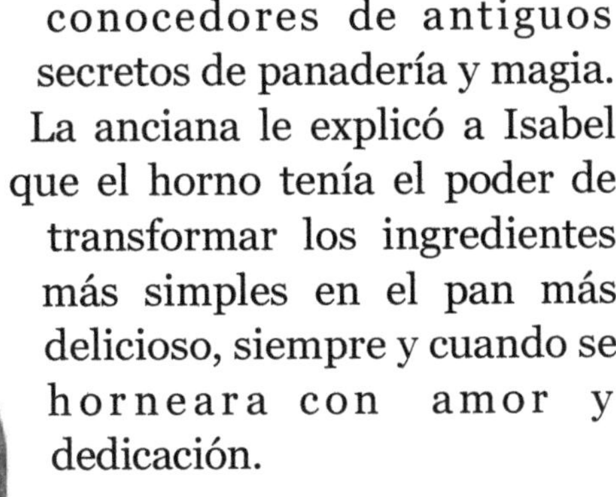

La anciana le explicó a Isabel que el horno tenía el poder de transformar los ingredientes más simples en el pan más delicioso, siempre y cuando se horneara con amor y dedicación.

Después de revelar el secreto del horno, la anciana desapareció tan misteriosamente como había llegado. Isabel siguió utilizando el horno encantado y su pan se hizo famoso en toda la región. La noticia del delicioso Pan de Cea se esparció rápidamente, y la gente de todos los rincones de Galicia acudía al pueblo para comprarlo.

El Legado del Pan de Cea

El horno encantado y la magia que lo rodeaba se convirtieron en parte integral de la tradición del Pan de Cea. Aunque el horno original ya no existe, los panaderos de San Cristovo de Cea han mantenido viva la tradición, utilizando técnicas ancestrales y respetando los mismos principios de amor y dedicación que Isabel aplicaba.

Celebraciones y Tradiciones

El Pan de Cea no solo es un alimento, sino también una parte fundamental de las celebraciones locales:

- Fiesta del Pan de Cea: Cada año, San Cristovo de Cea celebra la Fiesta del Pan de Cea, donde se rinde homenaje a este producto tradicional. Durante la fiesta, se realizan demostraciones de la elaboración del pan, degustaciones y actividades culturales que atraen a visitantes de toda Galicia y más allá.

- Rituales y Bendiciones: En algunas ocasiones especiales, los panaderos siguen realizando bendiciones tradicionales antes de hornear, pidiendo prosperidad y buena salud para sus familias y clientes.

El Pan en la Cultura Popular

El Pan ha sido inmortalizado en canciones, cuentos y obras de arte que destacan su importancia cultural y social:

- Canciones y Poesías: Los trovadores y poetas locales han compuesto canciones y poesías que celebran el Pan de Cea, describiendo su sabor incomparable y la magia de su origen.

- Obras de Arte: Artistas locales han creado pinturas y esculturas que representan la elaboración del Pan de Cea y la leyenda del horno encantado, reflejando el orgullo y la tradición de la comunidad.

En reconocimiento a su calidad y valor cultural, el Pan de Cea ha sido protegido por la Indicación Geográfica Protegida (IGP), lo que garantiza que solo el pan elaborado en San Cristovo de Cea y siguiendo los métodos tradicionales puede llevar este nombre.

La leyenda del Horno Encantado añade un toque de magia y misterio a la historia del Pan de Cea, destacando la conexión entre el pasado y el presente en la elaboración de este producto emblemático. Hoy en día, el Pan de Cea no solo es un alimento básico en muchas mesas gallegas, sino también un símbolo de la rica herencia cultural y gastronómica de Galicia. La leyenda del horno encantado continúa inspirando a los panaderos y atrayendo a los visitantes, quienes buscan experimentar el sabor único y la historia que encierra cada

hogaza de Pan de Cea.

Conjunto Arquitectónico de Longos

El Conjunto Arquitectónico de Longos en San Cristovo de Cea, Orense, es un enclave notable por su rica historia y elementos arquitectónicos que reflejan la vida rural gallega. Este conjunto está centrado en la Iglesia de Santa Baia de Longos y se caracteriza por la concentración de seis hórreos, destacando uno de ellos con doce pies. Además, incluye un cruceiro moderno, un palomar y la casa de los monjes.

El origen del conjunto se remonta a épocas medievales, con influencias significativas del cercano Monasterio de Oseira, fundado en el siglo XII por la Orden del Císter. La relación con el monasterio es evidente, ya que muchas de las estructuras de Longos, incluyendo la iglesia y los hórreos, fueron influenciadas por el estilo arquitectónico y la gestión monástica.

Durante el siglo XVIII, el área experimentó un auge en la construcción debido a la prosperidad agrícola, lo que llevó a la edificación de estructuras más robustas y funcionales, como los hórreos que se usaban para almacenar grano y protegerlo de la humedad y los roedores.

Leyendas

Una de las leyendas locales narra que el hórreo de doce pies fue construido por un agricultor agradecido tras una cosecha excepcionalmente abundante. Este agricultor decidió construir un hórreo más grande y distintivo como muestra de agradecimiento y devoción, esperando asegurar futuras cosechas igualmente exitosas.

Elementos Destacados

- Hórreos: Estas estructuras elevadas son típicas de la arquitectura rural gallega. El hórreo de doce pies es particularmente notable y único en la región.
- Cruceiro: Un símbolo religioso común en Galicia, el cruceiro en Longos es una adición más reciente pero sigue el estilo tradicional.
- Palomar: Utilizado para la cría de palomas, este palomar es otra muestra de las prácticas rurales tradicionales.
- Casa de los Monjes: Refleja la influencia monástica en la organización y la vida diaria del área.

Importancia Cultural

El Conjunto Arquitectónico de Longos no solo es un testimonio de la arquitectura tradicional gallega, sino que también ofrece una ventana a

Representación de un aguelarre

la historia y las costumbres de la región, manteniendo viva la herencia cultural y agrícola de San Cristovo de Cea.

Como ya llevamos un buen recorrido, amigo lector, haremos una parada en el camino. Así podré contar ciertas historias de la que os quiero hacer participes de las mismas. Algunas ya las conoceréis o habréis oido hablar de ellas. Otras os sonaran a cierta saga literaria y cinematográfica. También destacaré el papel de los templarios en Galicia, mas concretamente en la provincia de Ourense. A continuación paso a relatar estas historias.

Historia de las Meigas en Galicia

Introducción

Druida recolectando plantas medicinales

Las meigas son figuras enigmáticas y profundamente arraigadas en el folklore de Galicia, España. A lo largo de los siglos, estas mujeres han sido tanto veneradas como temidas, consideradas sanadoras y hechiceras. La dualidad de su naturaleza refleja la complejidad de las creencias populares y el sincretismo religioso en la región. Este texto explora la historia de las meigas desde sus orígenes hasta su impacto en la cultura y la sociedad contemporánea gallega.

Orígenes y Contexto Cultural

Las Raíces Celta y Precristianas

Galicia, ubicada en el noroeste de España, tiene una rica historia que se remonta a tiempos prehistóricos. Las raíces de las meigas pueden rastrearse hasta las tradiciones celtas que dominaron la región antes de la llegada del cristianismo. Los celtas practicaban una religión politeísta que incluía la adoración de dioses de la naturaleza y la realización de rituales druídicos. Las figuras femeninas con poderes mágicos, conocidas como druidas o sacerdotisas, desempeñaban roles importantes en estas prácticas.

Las druidas eran consideradas guardianas del conocimiento esotérico y poseían habilidades para curar, predecir el futuro y comunicarse con los espíritus. Estas características fueron transferidas a las meigas en la mitología gallega, aunque con el tiempo, las percepciones de sus poderes y roles evolucionaron.

La Influencia Romana

Con la llegada del Imperio Romano, Galicia fue incorporada a la provincia romana de Hispania. Los romanos trajeron consigo nuevas deidades y prácticas religiosas, pero las creencias celtas persistieron, fusionándose con las tradiciones romanas. Durante este período, las meigas empezaron a adoptar características tanto de las hechiceras celtas como de las brujas romanas.

Los romanos respetaban y temían a las hechiceras, atribuyéndoles poderes que podían influir en la naturaleza y el destino humano. La literatura romana, como las obras de Plinio el Viejo y Apuleyo, describe a mujeres con habilidades mágicas, reforzando la figura de la meiga en la conciencia popular.

El Cristianismo y la Edad Media

La cristianización de Galicia comenzó en el siglo III y se consolidó durante la Edad Media. La Iglesia Católica, al intentar erradicar las creencias paganas, demonizó muchas prácticas antiguas, incluyendo las actividades de las meigas. Estas mujeres fueron asociadas con el diablo y la herejía, lo que marcó el inicio de su persecución.

La Inquisición, establecida en España en el siglo XV, intensificó la caza de brujas. En Galicia, muchas mujeres fueron acusadas de brujería, sometidas a juicios injustos y, en algunos casos, ejecutadas. Este período oscuro dejó una profunda cicatriz en la cultura gallega y consolidó la imagen de las meigas como figuras peligrosas y malditas.

Las Meigas en el Folklore y la Mitología

Tipologías de Meigas

En el folklore gallego, las meigas se clasifican en diferentes tipos según sus habilidades y propósitos. Las más comunes incluyen:

1. **Meigas Chuchonas**: Estas meigas supuestamente se alimentan de la sangre de los niños. Se les atribuyen capacidades vampíricas y son especialmente temidas por las madres.

2. **Meigas Curandeiras**: Conocidas por sus habilidades para curar enfermedades y realizar hechizos protectores, estas meigas son respetadas y buscadas por sus conocimientos de medicina herbal.

3. **Meigas Encapuchadas**: Se cree que estas meigas son capaces de volverse invisibles o cambiar de forma. Son vistas como espíritus errantes y a menudo se les atribuye la capacidad de causar desgracias.

4. **Meigas Rabudas**: Se consideran especialmente malignas y se dice que pueden causar enfermedades, malas cosechas y otros desastres.

Leyendas y Mitos

Las leyendas sobre las meigas son numerosas y variadas, reflejando tanto el temor como el respeto que estas figuras inspiran. A continuación se presentan algunas de las leyendas más destacadas:

La Meiga del Monte do Farelo

En la región de Dozón, se cuenta la historia de una meiga que vivía en el Monte do Farelo. Esta meiga era conocida por sus vastos conocimientos de hierbas y pociones. La gente del pueblo acudía a ella en busca de remedios para diversas dolencias, pero también la temían por su capacidad para lanzar maldiciones.

Un granjero local, que había tenido una disputa con la meiga, comenzó a sufrir una serie de desgracias inexplicables: sus animales enfermaron, sus cosechas se arruinaron y su familia fue acosada por enfermedades extrañas. Desesperado, el granjero fue a pedir perdón a la meiga, quien accedió a levantar la maldición a cambio de una ofrenda de alimentos y vino. Esta historia es un reflejo de cómo las meigas eran vistas como figuras de respeto y temor en igual medida.

La Meiga de la Fuente de los Encantos

Otra leyenda popular es la de la Meiga de la Fuente de los Encantos. Según la tradición, esta fuente mágica, situada en un bosque cerca de Dozón, tenía el poder de conceder deseos. La fuente estaba bajo la protección de una meiga, quien solo concedía deseos a aquellos que se acercaban con verdadera necesidad y pureza de corazón.

La historia narra que una joven del pueblo, enamorada de un hombre que no le correspondía, fue a la fuente para pedir la ayuda de la meiga. La meiga le dio una poción y le indicó que vertiera el contenido en la fuente mientras recitaba un conjuro. Aunque el deseo se cumplió y el hombre se enamoró de la joven, el amor inducido se convirtió en una obsesión enfermiza. Desesperada, la joven volvió a la meiga en busca de ayuda, pero la meiga le explicó que los deseos cumplidos por la fuente siempre tenían un precio. Esta leyenda subraya la idea de que la magia de las meigas, aunque poderosa, también era peligrosa y debía ser manejada con cuidado.

Las Noches de Luna Llena

Las noches de luna llena tienen un significado especial en las leyendas sobre las meigas. Se cree que durante estas noches, las meigas se reúnen en los bosques y montes para llevar a cabo rituales y hechizos. Estas reuniones, conocidas como "Aquelarres," están envueltas en misterio y temor, y se dice que las meigas invocan a los espíritus y fuerzas naturales para realizar sus rituales.

Una de las historias más famosas es la de un joven curioso que decidió espiar a las meigas durante una noche de luna llena. Escondido detrás de un árbol, vio a las meigas danzando y cantando alrededor de un fuego, realizando rituales que no comprendía. De repente, una de las meigas lo descubrió y lo llamó por su nombre. Asustado, el joven huyó, pero desde entonces empezó a experimentar visiones extrañas y a escuchar voces que lo llamaban en la noche. Se dice que las meigas lo habían marcado, y su espíritu estaba condenado a vagar sin descanso. Esta leyenda ilustra el peligro de interferir con los rituales de las meigas y el respeto que deben inspirar.

La Meiga Curandera

No todas las historias sobre las meigas son negativas. En Galicia, también se cuentan relatos sobre meigas que usaban sus conocimientos para el bien. La meiga curandera es una figura venerada en algunas leyendas, conocida por sus habilidades para curar enfermedades con hierbas y pociones, y por ofrecer consejos sabios a aquellos que buscaban su ayuda.

Una leyenda particularmente apreciada es la de una meiga curandera que salvó al hijo del alcalde de un pueblo. El niño estaba gravemente enfermo, y ningún médico había logrado encontrar una cura. Desesperado, el alcalde acudió a la meiga curandera, quien preparó una poción especial utilizando hierbas recolectadas bajo la luz de la luna llena. El niño se recuperó milagrosamente, y desde entonces, la meiga fue respetada y apreciada por la comunidad. Esta historia refleja el papel dual de las meigas como figuras de temor y de respeto.

Persecución y Caza de Brujas

La Inquisición Española

La Inquisición Española, establecida en 1478, fue una institución destinada a mantener la ortodoxia católica en los territorios bajo control de la monarquía española. En Galicia, la Inquisición desempeñó un papel significativo en la persecución de las meigas. Las acusaciones de brujería a menudo eran utilizadas como una herramienta para resolver conflictos personales, disputas de tierras o para deshacerse de personas incómodas para el poder local.

El proceso inquisitorial involucraba la denuncia, el arresto, la tortura y, en muchos casos, la ejecución de las acusadas. Las confesiones obtenidas bajo tortura no eran fiables, pero se utilizaban para justificar la condena. Los juicios de brujas en Galicia eran espectáculos públicos destinados a aterrorizar a la población y a reforzar el control social de la Iglesia y el Estado.

Casos Notables

Entre los casos más notorios de persecución de meigas en Galicia se encuentran los juicios de. Cangas de Morrazo en el siglo XVII. En 1618, varias mujeres fueron acusadas de brujería y sometidas a tortura hasta que confesaron haber participado en aquelarres y haber hecho pactos con el diablo. Estas confesiones, arrancadas bajo duros interrogatorios, llevaron a la ejecución de varias mujeres, consolidando el temor y la superstición en la región.

Otro caso destacado es el de la "Tía María," una meiga de la localidad de Ribadavia, acusada de causar enfermedades y desgracias mediante hechizos. Fue arrestada y sometida a un juicio sumario, en el que las pruebas consistían en rumores y supersticiones locales. Finalmente, fue condenada y ejecutada, convirtiéndose en un símbolo del injusto tratamiento de las mujeres acusadas de brujería.

Las Meigas en la Cultura Popular

Supersticiones y Prácticas Mágicas

Las supersticiones relacionadas con las meigas han perdurado a lo largo del tiempo en Galicia. Aún hoy, muchos gallegos siguen ciertas prácticas para protegerse de las meigas y el mal de ojo. Algunos ejemplos incluyen:

- **La Cruz de Caravaca**: Este amuleto se coloca en las casas para protegerse de los espíritus malignos y las influencias negativas de las meigas.
- **Ramas de Laurel y Herraduras**: Colocadas en las puertas de las casas, se cree que estas protecciones ahuyentan a las meigas y otros espíritus malignos.
- **El Conxuro da Queimada**: Esta ceremonia consiste en quemar una mezcla de aguardiente, azúcar, cáscaras de limón y café, mientras se recita un conjuro para espantar a los malos espíritus y purificar a los presentes. Esta práctica es especialmente popular durante las festividades de San Juan.

Festividades y Rituales

Las leyendas sobre las meigas también se celebran en festivales y rituales. Durante el festival de San Juan, una celebración que tiene lugar en la noche del 23 de junio, los habitantes de Galicia encienden hogueras y saltan sobre ellas para purificarse y alejar los malos espíritus. Esta tradición, aunque cristianizada, tiene raíces paganas y está asociada con la protección contra las meigas y otras fuerzas malignas.

En algunas aldeas, se realizan "Noites Meigas" (Noches de Meigas), eventos en los que se representan historias y leyendas sobre las meigas, a menudo con dramatizaciones y actuaciones teatrales. Estos eventos no solo celebran el folklore local, sino que también sirven como una forma de preservar y transmitir las tradiciones a las nuevas generaciones.

Literatura y Arte

La figura de la meiga ha sido una fuente de inspiración en la literatura y el arte gallegos. Escritores y poetas han capturado la esencia de estas mujeres misteriosas en sus obras, explorando su dualidad como curanderas y hechiceras. En la pintura y la escultura, las meigas son a menudo representadas como figuras enigmáticas, con una conexión profunda con la naturaleza y el mundo espiritual.

El renombrado escritor gallego Ramón María del Valle-Inclán, por ejemplo, incorporó elementos de la mitología de las meigas en sus obras, destacando su influencia en la cultura y la psicología de Galicia. Sus descripciones evocadoras y sus personajes complejos reflejan la fascinación y el temor que las meigas inspiran en la imaginación popular.

La Influencia y el Legado de las Meigas

Perspectiva Moderna

En la actualidad, la figura de la meiga ha evolucionado, pero sigue siendo una parte integral del patrimonio cultural de Galicia. La modernización y el acceso a la medicina científica han reducido la dependencia de las meigas como curanderas, pero su legado permanece en las historias, las celebraciones y las supersticiones locales.

Las meigas también se han convertido en un símbolo de identidad y orgullo cultural. En un mundo cada vez más globalizado, las comunidades gallegas valoran y celebran sus tradiciones únicas como una forma de mantener viva su herencia y diferenciarse. Las meigas son vistas no solo como figuras del pasado, sino como emblemas de la resiliencia y la creatividad cultural de Galicia.

Turismo Cultural

El folklore de las meigas atrae a turistas interesados en la historia, la cultura y las tradiciones de Galicia. Las rutas turísticas que incluyen visitas a lugares emblemáticos asociados con las leyendas de las meigas, como el Monte do Farelo y la Fuente de los Encantos, ofrecen una inmersión en la mitología local y proporcionan una fuente de ingresos para la comunidad.

Además, las dramatizaciones y eventos culturales relacionados con las meigas son un atractivo adicional para los visitantes. Las representaciones teatrales y las narraciones de cuentos en escenarios naturales permiten a los turistas experimentar de primera mano el encanto y el misterio de las leyendas de las meigas.

Casos Históricos Destacados

Juicios y Persecuciones

El caso de las brujas de Cangas de Morrazo en 1618 es uno de los más notorios en Galicia. Varias mujeres fueron acusadas de brujería y sometidas a tortura hasta que confesaron haber participado en aquelarres y haber hecho pactos con el diablo. Estas confesiones, obtenidas bajo duros interrogatorios, llevaron a la ejecución de varias mujeres, consolidando el temor y la superstición en la región.

Otro caso destacado es el de la "Tía María," una meiga de Ribadavia, acusada de causar enfermedades y desgracias mediante hechizos. Fue arrestada y sometida a un juicio sumario, en el que las pruebas consistían en rumores y supersticiones locales. Finalmente, fue condenada y ejecutada, convirtiéndose en un símbolo del injusto tratamiento de las mujeres acusadas de brujería.

Historias de Supervivencia

A pesar de la persecución, algunas meigas lograron sobrevivir y continuar con sus prácticas en secreto. Estas mujeres adaptaron sus conocimientos y habilidades para evitar la atención de las autoridades. Se convirtieron en figuras discretas que ayudaban a sus comunidades con remedios herbales y consejos espirituales.

Una historia notable es la de "Maruxa," una meiga de una aldea en la costa gallega. Durante la Inquisición, Maruxa se enfrentó a numerosas acusaciones de brujería. Sin embargo, logró evitar la captura al contar con el apoyo de su comunidad, que la escondía y protegía. Maruxa continuó su labor como curandera hasta su muerte, dejando un legado de resistencia y cuidado comunitario.

Las Meigas en la Psicología y Sociología Gallega

El Papel de las Meigas en la Comunidad

Las meigas han desempeñado un papel multifacético en la comunidad gallega, funcionando como sanadoras, consejeras y figuras de poder. Su presencia ofrecía una forma de resistencia cultural frente a las imposiciones religiosas y sociales externas. A través de sus prácticas, las meigas mantenían vivas las tradiciones y conocimientos ancestrales, actuando como guardianas de la herencia cultural gallega.

Interpretaciones Psicológicas

Desde una perspectiva psicológica, la figura de la meiga puede interpretarse como una manifestación de la sombra colectiva de la comunidad gallega. Según la teoría junguiana, la sombra representa los aspectos ocultos y reprimidos de la psique colectiva. Las meigas, con su capacidad para influir en lo oculto y lo desconocido, simbolizan esos elementos del inconsciente colectivo que la sociedad teme y, al mismo tiempo, necesita.

Impacto Sociológico

Sociológicamente, las meigas reflejan las dinámicas de poder y género en la sociedad gallega. Las acusaciones de brujería a menudo se dirigían contra mujeres que desafiaban las normas sociales o que poseían conocimientos y habilidades fuera del control masculino. La persecución de las meigas puede verse como un mecanismo para reforzar el patriarcado y mantener el orden social establecido.

La Evolución de la Percepción de las Meigas

Del Temor al Respeto

Con el paso del tiempo, la percepción de las meigas ha evolucionado de figuras temidas y perseguidas a símbolos de la identidad cultural gallega. Esta transformación ha sido impulsada por un creciente interés en la preservación del patrimonio cultural y un reconocimiento de la injusticia histórica cometida contra estas mujeres.

Representación en los Medios

Las meigas también han encontrado un nuevo lugar en la cultura popular contemporánea. Su figura ha sido reinterpretada en películas, series de televisión y literatura moderna, presentándolas a menudo como heroínas trágicas o guardianas del conocimiento antiguo. Esta representación ha contribuido a una mayor comprensión y aprecio de su papel en la historia y la cultura gallega.

Perspectivas Futuras

Preservación del Patrimonio

El futuro de las meigas en la cultura gallega está ligado a los esfuerzos para preservar y promover el patrimonio intangible de la región. Las iniciativas educativas y turísticas pueden desempeñar un papel crucial en la difusión de las historias y leyendas de las meigas, asegurando que estas tradiciones se mantengan vivas para las futuras generaciones.

Reconocimiento y Reconciliación

Finalmente, el reconocimiento oficial de la injusticia histórica cometida contra las meigas y otras mujeres acusadas de brujería es un paso importante hacia la reconciliación. Este reconocimiento puede adoptar la forma de memoriales, exposiciones y actos conmemorativos que honren la memoria de estas mujeres y sensibilicen a la sociedad sobre los peligros de la superstición y la persecución.

Conclusión

La historia de las meigas enGalicia es una narración rica y compleja que abarca desde la prehistoria hasta la era contemporánea. Estas figuras, a la vez veneradas y temidas, han desempeñado un papel crucial en la formación de la identidad cultural gallega. A través de sus leyendas, supersticiones y prácticas, las meigas han dejado una huella indeleble en la psicología y la sociología de Galicia.

Hoy en día, las meigas son reconocidas no solo como parte del folklore, sino como símbolos de resistencia cultural y conocimiento ancestral. La preservación de su legado es esencial para mantener viva la rica herencia cultural de Galicia, y para garantizar que las historias y enseñanzas de las meigas sigan inspirando y cautivando a las generaciones futuras.

La Santa Compaña: Historia, Mitos y Leyendas

Introducción

La Santa Compaña es una de las leyendas más enigmáticas y fascinantes del folklore gallego. Esta procesión de almas en pena, que recorre los caminos y bosques de Galicia durante las noches, especialmente en aquellas de niebla espesa, ha capturado la imaginación de generaciones. La Santa Compaña es más que una simple leyenda; es una manifestación de las creencias y temores profundos que han sido transmitidos de generación en generación. Este documento explora en profundidad la historia, mitos y leyendas de la Santa Compaña, proporcionando un análisis detallado de sus orígenes, significados y perdurabilidad en la cultura gallega.

Historia de la Santa Compaña

Orígenes y Contexto Cultural

Raíces Precristianas

Los orígenes de la Santa Compaña se remontan a tiempos precristianos, en una época en que los celtas habitaban la región de Galicia. Los celtas tenían una cosmovisión muy rica en lo sobrenatural y creían firmemente en la existencia de espíritus y seres del otro mundo. Las historias de procesiones espectrales y visitas de almas en pena eran comunes en su folklore. Estas creencias se fusionaron con las influencias romanas y, más tarde, con el cristianismo, dando lugar a la leyenda de la Santa Compaña tal como la conocemos hoy.

Influencia Romana y Cristianización

Con la llegada del Imperio Romano, Galicia fue incorporada a la provincia de Hispania. Los romanos trajeron consigo nuevas deidades y prácticas religiosas, pero las creencias locales persistieron. La cristianización de Galicia, que comenzó en el siglo III y se consolidó en los siglos siguientes, intentó erradicar estas prácticas paganas, pero muchas de ellas se adaptaron y sobrevivieron bajo una nueva apariencia cristiana.

La Iglesia Católica, al no poder eliminar completamente

La Santa Compaña

las creencias en lo sobrenatural, las reinterpretó. La procesión de la Santa Compaña, una visión espectral de almas en pena que recorre los caminos en busca de redención, fue una forma de integrar estas antiguas creencias en la nueva cosmovisión cristiana. La Santa Compaña se convirtió en una advertencia sobre la necesidad de la salvación y la penitencia.

La Santa Compaña: Descripción y Características

La Procesión Espectral

La Santa Compaña es descrita como una procesión de almas en pena que vaga por los caminos rurales de Galicia durante la noche. Esta procesión es liderada por un vivo, conocido como el "mortal portador," que porta una cruz o un estandarte y una vela encendida. Detrás de él, las almas de los difuntos caminan en silencio, a menudo llevando también velas encendidas. Se dice que el mortal portador no puede resistirse a liderar la procesión y debe continuar haciéndolo hasta encontrar a otra persona que tome su lugar.

Apariciones y Señales

Las apariciones de la Santa Compaña suelen estar asociadas con ciertas señales y presagios. La presencia de un olor a cera quemada, el sonido de campanas lejanas y la aparición de una bruma espesa son indicios comunes de que la Santa Compaña está cerca. Los animales también reaccionan ante su presencia: los perros ladran de manera frenética y los gatos huyen despavoridos.

Rituales y Protección

Existen varios rituales y formas de protección contra la Santa Compaña que han sido transmitidos a lo largo de los años. Entre ellos se incluye:

- **Hacer un círculo de sal en el suelo**: Se cree que la sal tiene propiedades purificadoras y protectoras contra los espíritus malignos.

- **Formar un círculo con ramas de laurel**: Similar a la sal, el laurel es considerado un protector contra el mal.

- **Rezar y hacer la señal de la cruz**: La invocación de la protección divina es una respuesta común a la aparición de la Santa Compaña.

- **Evadir el contacto visual**: Se dice que mirar directamente a la Santa Compaña puede atraer la atención de las almas en pena y condenar al observador a unirse a la procesión.

Mitos y Leyendas de la Santa Compaña

La Santa Compaña en la Literatura y la Cultura Popular

Narrativas Orales

La Santa Compaña ha sido un tema recurrente en la narrativa oral gallega. Las historias sobre sus apariciones han sido contadas y recontadas por generaciones, convirtiéndose en parte del tejido cultural de Galicia. Los ancianos de los pueblos relatan encuentros personales con la procesión espectral, advirtiendo a los jóvenes sobre los peligros de caminar solos por la noche.

La Santa Compaña en la Literatura

La leyenda de la Santa Compaña ha inspirado a numerosos escritores y poetas gallegos. Autores como Emilia Pardo Bazán y Ramón María del Valle-Inclán han incorporado elementos de esta leyenda en sus obras, explorando el misterio y el temor que rodea a la procesión espectral. En la literatura contemporánea, la Santa Compaña sigue siendo una fuente de inspiración, reflejando la persistencia de las creencias tradicionales en la imaginación moderna.

La Santa Compaña en el Arte

Además de la literatura, la Santa Compaña ha influido en el arte visual. Pintores y escultores han representado la procesión espectral en sus obras, capturando su atmósfera ominosa y sobrenatural. Estas representaciones a menudo destacan la dualidad de la Santa Compaña: una manifestación de lo sagrado y lo profano, lo temido y lo venerado.

Casos Notables y Encuentros Legendarios

El Encuentro de San Andrés de Teixido

Una de las leyendas más famosas sobre la Santa Compaña está vinculada al santuario de San Andrés de Teixido, en la costa norte de Galicia. Se dice que aquellos que no visitan el santuario en vida están condenados a hacerlo después de la muerte, uniéndose a la Santa Compaña. La leyenda cuenta que una noche, un pescador que regresaba a casa se encontró con la procesión espectral cerca del santuario. Al reconocer el peligro, el pescador hizo la señal de la cruz y la procesión desapareció, salvándolo de unirse a las almas en pena.

La Aparición en el Bosque de Eume

Otra historia notable es la aparición de la Santa Compaña en el Bosque de Eume, uno de los bosques más antiguos y misteriosos de Galicia. Según la leyenda, un grupo de cazadores que se aventuraron en el bosque una noche de luna llena se encontraron con la procesión. Aterrorizados, intentaron escapar, pero uno de ellos, que había mirado directamente a las almas en pena, quedó paralizado por el miedo. Fue encontrado al amanecer, aún temblando, incapaz de hablar sobre lo que había visto.

La Santa Compaña y el Molino de Pontedeume

En la localidad de Pontedeume, una leyenda popular cuenta la historia de un molinero que trabajaba hasta altas horas de la noche. Una noche, escuchó el sonido de campanas y vio una luz tenue acercándose a su molino. Al salir para investigar, se encontró con la Santa Compaña. Recordando las advertencias de su abuela, el molinero rápidamente dibujó un círculo de sal alrededor de sí mismo y comenzó a rezar. La procesión pasó a su lado sin hacerle daño, pero el molinero nunca volvió a trabajar de noche.

Interpretaciones y Significados

La Santa Compaña como Advertencia

Una interpretación común de la Santa Compaña es que sirve como advertencia sobre la importancia de la salvación y la penitencia. La procesión de almas en pena, incapaces de encontrar descanso, es un recordatorio de las consecuencias del pecado y la necesidad de redención. Este mensaje se alinea con la doctrina cristiana sobre el purgatorio y la importancia de las oraciones y los rituales para las almas de los difuntos.

La Santa Compaña y la Muerte

La Santa Compaña también puede ser vista como una personificación de la muerte y el más allá. La procesión espectral simboliza el viaje de las almas después de la muerte, buscando paz y redención. La figura del mortal portador, condenado a liderar la procesión hasta encontrar un reemplazo, representa la inevitabilidad de la muerte y el ciclo continuo de la vida y la muerte.

Interpretaciones Psicológicas

Desde una perspectiva psicológica, la Santa Compaña puede ser interpretada como una manifestación de los miedos y ansiedades colectivos sobre la muerte y lo desconocido. La procesión espectral, con su atmósfera de misterio y terror, refleja los temores profundos de la comunidad sobre lo que ocurre después de la muerte y la posibilidad de no encontrar paz en el más allá.

Rituales y Protecciones Contra la Santa Compaña

Tradiciones Populares

Existen varias tradiciones y rituales populares diseñados para protegerse de la Santa Compaña. Estas prácticas, transmitidas de generación en generación, reflejan el profundo arraigo de la leyenda en la cultura gallega.

Plantas de laurel y acebo en un balcón

La Cruz y el Rosario

Una de las protecciones más comunes contra la Santa Compaña es llevar una cruz o un rosario. Se cree que estos objetos sagrados tienen el poder de repeler a las almas en pena y evitar que el mortal portador se acerque. Al encontrarse con la procesión, se aconseja hacer la señal de la cruz y rezar, invocando la protección divina.

El Círculo de Sal

Dibujar un círculo de sal alrededor de uno mismo es otra práctica común para protegerse de la Santa Compaña. La sal, considerada un purificador y protector contra el mal, crea una barrera que las almas en pena no pueden atravesar. Este ritual es especialmente efectivo si se combina con oraciones y la recitación de pasajes bíblicos.

El Laurel y el Acebo

El laurel y el acebo son plantas asociadas con la protección contra los espíritus malignos en la tradición gallega. Colocar ramas de laurel o acebo en las puertas y ventanas de las casas se cree que impide la entrada de la Santa Compaña y otros seres sobrenaturales. Durante las festividades de San Juan, es común ver coronas de laurel y acebo colgadas en las casas como protección adicional.

Rituales de Exorcismo

En casos extremos, cuando se cree que una persona ha sido marcada por la Santa Compaña, se realizan rituales de exorcismo para liberarla. Estos rituales, llevados a cabo por sacerdotes o curanderos, incluyen oraciones, el uso de agua bendita y la imposición de manos. El objetivo es liberar el alma de la persona de la influencia de las almas en pena y protegerla de futuros encuentros.

La Santa Compaña en la Sociedad Contemporánea

Persistencia de la Leyenda

A pesar de la modernización y el avance de la ciencia, la leyenda de la Santa Compaña sigue viva en la cultura gallega. Las historias y creencias sobre la procesión espectral continúan siendo transmitidas de generación en generación, y muchos gallegos, especialmente en las zonas rurales, todavía creen en la posibilidad de encontrarse con la Santa Compaña.

La Santa Compaña y el Turismo

La leyenda de la Santa Compaña ha encontrado un nuevo papel en la industria del turismo. Las rutas y tours que exploran los lugares asociados con la procesión espectral son populares entre los turistas interesados en el folklore y las tradiciones gallegas. Estas rutas no solo ofrecen una inmersión en la mitología local, sino que también proporcionan una fuente de ingresos para las comunidades rurales.

La Santa Compaña en los Medios Modernos

La Santa Compaña ha sido representada en diversas formas de medios modernos, incluyendo películas, series de televisión y videojuegos. Estas representaciones a menudo reinterpretan la leyenda para una audiencia contemporánea, manteniendo su esencia misteriosa y aterradora. En la cultura popular, la Santa Compaña sigue siendo un símbolo poderoso del misterio y la magia de Galicia.

Estudios Académicos y Análisis

Investigaciones Folclóricas

La Santa Compaña ha sido objeto de numerosos estudios folclóricos que intentan comprender su origen, evolución y significado. Los investigadores han explorado las conexiones entre la procesión espectral y otras tradiciones similares en Europa, como la "Wild Hunt" en la mitología germánica. Estos estudios han destacado la naturaleza sincrética de la leyenda, que combina elementos paganos y cristianos.

Análisis Antropológicos

Desde una perspectiva antropológica, la Santa Compaña puede ser vista como una manifestación de los miedos y ansiedades colectivos sobre la muerte y el más allá. Los antropólogos han examinado cómo la leyenda refleja las creencias y valores de la sociedad gallega, y cómo estas creencias han sido transmitidas y transformadas a lo largo del tiempo.

Interpretaciones Psicológicas

Psicólogos y psicoanalistas han explorado la Santa Compaña como una representación de los temores subconscientes sobre la muerte y lo desconocido. La procesión espectral, con su atmósfera de misterio y terror, puede ser interpretada como una proyección de los miedos internos de la comunidad, proporcionando una forma de confrontar y gestionar estos temores.

La Santa Compaña y el Cine

Representaciones Cinematográficas

La Santa Compaña ha sido llevada a la pantalla en varias ocasiones, tanto en el cine como en la televisión. Estas representaciones a menudo buscan capturar la atmósfera ominosa y sobrenatural de la leyenda, utilizando efectos visuales y narrativas que evocan el misterio y el terror asociados con la procesión espectral.

Películas Destacadas

- **"La Santa Compaña" (1980)**: Esta película española dirigida por Pedro Olea es una de las representaciones más conocidas de la leyenda. La trama sigue a un grupo de jóvenes que, tras encontrarse con la Santa Compaña, deben enfrentarse a las consecuencias de su encuentro con las almas en pena.
- **"El Bosque de los Espectros" (1997)**: Este film de terror gallego explora la aparición de la Santa Compaña en un pequeño pueblo rural. La historia se centra en una familia que intenta desentrañar el misterio detrás de la procesión espectral y liberar a su comunidad de su influencia.

La Santa Compaña en la Televisión

La televisión también ha explorado la leyenda de la Santa Compaña en series y documentales. Programas como "Cuarto Milenio" han dedicado episodios a investigar las apariciones de la procesión espectral, entrevistando a testigos y expertos en folklore.

Impacto Cultural

El impacto de la Santa Compaña en el cine y la televisión ha ayudado a mantener viva la leyenda en la conciencia popular. Estas representaciones no solo entretienen, sino que también educan a nuevas generaciones sobre la riqueza del folklore gallego, preservando y difundiendo las tradiciones culturales.

Perspectivas Futuras

Preservación del Patrimonio Cultural

La preservación del patrimonio cultural de Galicia, incluyendo las leyendas como la Santa Compaña, es crucial para mantener viva la identidad cultural de la región. Las iniciativas educativas y turísticas pueden desempeñar un papel importante en la difusión de estas historias, asegurando que las futuras generaciones continúen valorando y celebrando su herencia cultural.

La Santa Compaña en el Mundo Digital

Con el avance de la tecnología y la digitalización, la leyenda de la Santa Compaña puede encontrar nuevas formas de expresión y preservación. Las plataformas digitales, como blogs, podcasts y redes sociales, ofrecen nuevas oportunidades para compartir y explorar la leyenda, alcanzando audiencias globales y conectando a personas interesadas en el folklore gallego.

Reconciliación y Reconocimiento

El reconocimiento oficial de la importancia cultural y el valor histórico de la leyenda de la Santa Compaña es un paso importante hacia la reconciliación con el pasado. Este reconocimiento puede adoptar la forma de memoriales, exposiciones y actos conmemorativos que honren la memoria de estas historias y sensibilicen a la sociedad sobre su significado y legado.

Conclusión

La Santa Compaña es una de las leyendas más enigmáticas y profundamente arraigadas en el folklore gallego. Desde sus orígenes precristianos hasta su persistencia en la cultura contemporánea, la procesión espectral ha capturado la imaginación de generaciones, reflejando los miedos y las esperanzas de la comunidad gallega. A través de sus mitos, leyendas y representaciones en la literatura, el arte y los medios modernos, la Santa

Interior del monasterio (Parador Nacional)

Compaña sigue siendo un símbolo poderoso del misterio y la magia de Galicia.

La preservación y promoción de esta leyenda es esencial para mantener viva la rica herencia cultural de Galicia. Al reconocer y celebrar la Santa Compaña, no solo honramos nuestro pasado, sino que también aseguramos que estas historias sigan inspirando y cautivando a las futuras generaciones. La Santa Compaña, con su atmósfera de misterio y su profundo significado cultural, es y seguirá siendo una parte integral de la identidad gallega, un puente entre el pasado y el presente, y un recordatorio de la riqueza y la profundidad del folklore de Galicia.

Los Nueve Anillos del Monasterio de San Esteban de Ribas de Sil: Historia, Mitos y Leyendas

Introducción

El Monasterio de San Esteban de Ribas de Sil, también conocido como Mosteiro de Santo Estevo de Ribas de Sil, es uno de los monumentos más emblemáticos y enigmáticos de la Ribeira Sacra en Galicia, España. Este monasterio, situado en la provincia de Ourense, es conocido no solo por su impresionante arquitectura y su rica historia, sino también por las fascinantes leyendas que lo rodean. Una de las historias más intrigantes es la de los Nueve Anillos de San Esteban de Ribas de Sil, que combina elementos de misterio, magia y espiritualidad.

Historia del Monasterio de San Esteban de Ribas de Sil

Orígenes y Fundación

El Monasterio de San Esteban de Ribas de Sil tiene sus orígenes en el siglo VI, cuando un grupo de eremitas cristianos se asentó en las montañas de la Ribeira Sacra, buscando un lugar de retiro y contemplación. Estos primeros eremitas vivieron en cuevas y pequeñas celdas construidas en las laderas de las montañas, dedicándose a la oración y la meditación.

Con el tiempo, la comunidad eremítica creció y se organizó, atrayendo la atención de la Iglesia y de los nobles locales. En el siglo X, bajo la protección de los reyes y señores feudales, se fundó oficialmente el monasterio benedictino de San Esteban de Ribas de Sil. Este monasterio se convirtió en un importante centro religioso y cultural, jugando un papel crucial en la cristianización de la región y en el desarrollo de la vida monástica en Galicia.

Desarrollo y Esplendor

El monasterio alcanzó su apogeo entre los siglos XII y XIII, cuando se realizaron importantes obras de construcción y ampliación. Durante este período, se construyó la iglesia monástica, que es un magnífico ejemplo de la arquitectura románica gallega, con elementos góticos añadidos en siglos posteriores. También se construyeron los tres claustros del monasterio: el Claustro de los Obispos, el Claustro del Medio y el Claustro de los Medallones.

El Claustro de los Obispos es especialmente notable por sus arcos románicos y sus capiteles decorados con motivos vegetales y figuras humanas. El Claustro del Medio, de estilo gótico, y el Claustro de los Medallones, renacentista, completan el conjunto arquitectónico del monasterio, reflejando la evolución de los estilos artísticos a lo largo de los siglos.

Durante su época de esplendor, el monasterio de San Esteban de Ribas de Sil fue un importante centro de aprendizaje y de copia de manuscritos. Los monjes benedictinos, conocidos por su dedicación al estudio y a la preservación del conocimiento, recopilaron y copiaron numerosos textos religiosos y científicos, contribuyendo a la difusión del saber en la región.

Declive y Restauración

A partir del siglo XVI, el monasterio comenzó a declinar, debido a varios factores, incluyendo la creciente centralización del poder eclesiástico y la pérdida de influencia de los monasterios locales. Durante la invasión napoleónica en el siglo XIX, el monasterio sufrió saqueos y destrucción, y finalmente fue desamortizado en 1835, quedando abandonado y en ruinas durante muchos años.

En el siglo XX, comenzaron los trabajos de restauración del monasterio, que culminaron con su reconversión en Parador Nacional en 2004. Hoy en día, el monasterio de San Esteban de Ribas de Sil es un importante destino turístico, que atrae a visitantes de todo el mundo interesados en su historia, su arquitectura y sus leyendas.

Los Nueve Anillos de San Esteban de Ribas de Sil

La Leyenda de los Nueve Anillos

La leyenda de los Nueve Anillos de San Esteban de Ribas de Sil es una de las más fascinantes y misteriosas asociadas con el monasterio. Según la tradición, estos anillos poseían poderes mágicos y estaban relacionados con los antiguos monjes que habitaban el monasterio. Se dice que los anillos eran utilizados por los monjes para proteger el monasterio y sus secretos.

Origen de los Anillos

La leyenda cuenta que los anillos fueron forjados por un maestro artesano y alquimista que vivía en la región en el siglo XII. Este artesano, conocido por sus habilidades en la alquimia y la metalurgia, creó los anillos utilizando metales preciosos y piedras que supuestamente tenían propiedades mágicas. Cada anillo tenía inscripciones y símbolos que representaban distintos poderes y protección.

El artesano habría sido un monje que, durante sus estudios en el monasterio, descubrió antiguos textos y conocimientos esotéricos traídos de Oriente. Inspirado por estos textos, decidió crear los nueve anillos, cada uno con un propósito y poder específico. La creación de estos anillos estaba destinada a proteger el monasterio y a sus habitantes, así como a preservar el conocimiento oculto de los monjes.

Poderes de los Anillos

Cada uno de los nueve anillos poseía un poder específico que los monjes utilizaban para proteger el monasterio y garantizar su prosperidad. Los poderes atribuidos a los anillos incluían:

1. **Protección contra los enemigos**: Un anillo que supuestamente creaba un escudo invisible alrededor del monasterio, protegiéndolo de invasores y ataques. Este anillo era utilizado durante las épocas de conflicto y guerra, asegurando que el monasterio permaneciera a salvo.

2. **Curación**: Un anillo que tenía el poder de curar enfermedades y heridas, utilizado por los monjes para sanar a los enfermos que acudían en busca de ayuda. Los monjes, conocidos por sus conocimientos de medicina herbal, usaban este anillo para realizar curas milagrosas.

3. **Sabiduría**: Un anillo que confería sabiduría y conocimiento a quien lo llevaba, ayudando a los monjes en sus estudios y oraciones. Este anillo era pasado de un monje a otro, asegurando que el conocimiento se transmitiera a las generaciones futuras.

4. **Fertilidad de la tierra**: Un anillo que aseguraba la fertilidad de los campos y viñedos del monasterio, garantizando abundantes cosechas. Este anillo era utilizado durante las ceremonias de bendición de las tierras, asegurando que el monasterio tuviera siempre suficientes alimentos y recursos.

5. **Control del clima**: Un anillo que permitía a los monjes influir en el clima, protegiendo las cosechas de tormentas y sequías. Este anillo era especialmente valioso durante los tiempos de inclemencias climáticas, asegurando la supervivencia de la comunidad monástica.

6. **Visión del futuro**: Un anillo que otorgaba la capacidad de prever eventos futuros, permitiendo a los monjes tomar decisiones informadas. Este anillo era utilizado por los líderes del monasterio para guiar a la comunidad y planificar su futuro.

7. **Comunicación con los espíritus**: Un anillo que permitía a los monjes comunicarse con los espíritus de los difuntos, buscando su guía y protección. Este anillo era

utilizado durante las ceremonias de oración y meditación, asegurando la conexión con el mundo espiritual.

8. **Invisibilidad**: Un anillo que confería invisibilidad temporal a quien lo llevaba, utilizado en situaciones de peligro. Este anillo era especialmente útil durante las invasiones y conflictos, permitiendo a los monjes protegerse y esconderse.

9. **Eternidad**: Un anillo que simbolizaba la eternidad y la inmortalidad del espíritu, recordando a los monjes su misión espiritual. Este anillo era utilizado durante las ceremonias de iniciación y consagración, asegurando que los monjes recordaran siempre su propósito divino.

La Desaparición de los Anillos

Según la leyenda, los nueve anillos desaparecieron misteriosamente en el siglo XVI, durante un período de conflictos y saqueos. Algunos creen que fueron escondidos por los monjes para protegerlos de los invasores, mientras que otros sostienen que fueron robados. La desaparición de los anillos marcó el comienzo de una época de declive para el monasterio, que nunca volvió a recuperar su antiguo esplendor.

Hipótesis sobre la Desaparición

Existen varias hipótesis sobre la desaparición de los anillos. Una de ellas sugiere que los anillos fueron escondidos en un lugar secreto dentro del monasterio, conocido solo por los monjes más ancianos. Este lugar, posiblemente una cripta o una cámara oculta, habría sido sellado para evitar que los anillos cayeran en manos equivocadas.

Otra hipótesis sostiene que los anillos fueron robados durante una de las numerosas incursiones y saqueos que sufrió el monasterio. Durante el siglo XVI, Galicia fue escenario de conflictos y guerras, y el monasterio no fue ajeno a estos eventos. Los anillos, al ser considerados objetos de gran valor, habrían sido un objetivo codiciado por los saqueadores.

Una tercera hipótesis sugiere que los anillos fueron entregados a otras comunidades monásticas para su custodia. Los monjes, al ver el peligro inminente, habrían decidido dispersar los anillos entre otros monasterios, asegurando así su protección. Esta hipótesis se basa en la idea de que los anillos podrían ser encontrados en otros monasterios de la región.

El Monasterio en la Actualidad

Redescubrimiento y Turismo

Hoy en día, el Monasterio de San Esteban de Ribas de Sil ha sido restaurado y convertido en un Parador Nacional, atrayendo a turistas y peregrinos de todo el mundo. Los visitantes pueden explorar los claustros, la iglesia y las celdas de los monjes, sumergiéndose en la rica historia y las leyendas del lugar.

El monasterio es también un punto de partida ideal para explorar la Ribeira Sacra, con sus impresionantes paisajes y rutas de senderismo que siguen los antiguos caminos monásticos a lo largo de los ríos Miño y Sil. La Ribeira Sacra es famosa por sus cañones, viñedos y monasterios, ofreciendo una experiencia única a los visitantes.

El turismo en el monasterio se ha convertido en una fuente importante de ingresos para la región, ayudando a preservar y mantener este importante monumento histórico. Las visitas guiadas, los eventos culturales y las actividades educativas permiten a los visitantes aprender sobre la historia y las leyendas del monasterio, así como disfrutar de la belleza natural de la Ribeira Sacra.

Investigación y Estudios

El misterio de los Nueve Anillos ha capturado la atención de historiadores y arqueólogos, que han llevado a cabo diversas investigaciones para intentar desentrañar la verdad detrás de la leyenda. Aunque no se han encontrado pruebas concluyentes sobre la existencia de los anillos, los estudios continúan, y el monasterio sigue siendo un lugar de gran interés para los estudiosos del folklore y la historia medieval.

Investigaciones arqueológicas en el monasterio han revelado restos de antiguas estructuras y artefactos que proporcionan pistas sobre la vida monástica y las prácticas religiosas en la Edad Media. Estos hallazgos han ayudado a comprender mejor la historia del monasterio y su importancia en la región.

Además, los estudiosos del folklore han recopilado numerosas historias y leyendas relacionadas con los anillos, explorando sus significados simbólicos y su impacto en la cultura popular. Estos estudios han destacado la rica tradición oral de Galicia y la importancia de las leyendas en la preservación de la identidad cultural.

Interpretaciones y Significados

Significado Simbólico

Más allá de su posible existencia física, los Nueve Anillos de San Esteban de Ribas de Sil tienen un profundo significado simbólico. Representan los valores y creencias de los monjes que habitaron el monasterio, así como su conexión con lo divino y lo sobrenatural. Los anillos simbolizan la protección, la sabiduría y la búsqueda de la trascendencia espiritual, reflejando el papel del monasterio como un refugio de fe y conocimiento.

Cada uno de los anillos puede ser visto como un símbolo de un aspecto particular de la vida monástica y espiritual. Por ejemplo, el anillo de la curación representa la dedicación de los monjes al cuidado de los enfermos, mientras que el anillo de la sabiduría simboliza su compromiso con el estudio y la enseñanza.

Influencia en la Cultura Popular

La leyenda de los Nueve Anillos ha influido en la cultura popular gallega, inspirando cuentos, poemas y obras de arte. La historia de los anillos ha sido transmitida de generación en generación, manteniendo viva la memoria del monasterio y su rica tradición. En la actualidad, la leyenda continúa inspirando a escritores y artistas, que encuentran en ella una fuente inagotable de misterio y fascinación.

En la literatura, la leyenda de los anillos ha sido explorada en novelas históricas y de fantasía, que combinan hechos históricos con elementos sobrenaturales. Estas obras han ayudado a popularizar la leyenda y a llevarla a un público más amplio.

En el arte, la leyenda ha sido representada en pinturas, esculturas y murales, que capturan la atmósfera misteriosa y mágica del monasterio. Estas obras de arte no solo embellecen el monasterio y sus alrededores, sino que también sirven como recordatorio de la rica herencia cultural de la región.

El Monasterio de San Esteban de Ribas de Sil y su Legado

Un Refugio de Fe y Conocimiento

El Monasterio de San Esteban de Ribas de Sil ha sido, a lo largo de los siglos, un importante refugio de fe y conocimiento. Los monjes benedictinos que habitaron el monasterio dedicaron sus vidas a la oración, el estudio y la preservación del saber, dejando un legado duradero que continúa inspirando a generaciones.

El monasterio fue un centro de aprendizaje donde se copiaban y conservaban manuscritos importantes, asegurando que el conocimiento se transmitiera a futuras generaciones. Los monjes también desempeñaron un papel crucial en la cristianización de la región, enseñando y guiando a la comunidad local en su fe.

Un Destino Turístico y Cultural

En la actualidad, el Monasterio de San Esteban de Ribas de Sil es un importante destino turístico y cultural. Su restauración y conversión en Parador Nacional han permitido que el monasterio sea accesible a visitantes de todo el mundo, que pueden explorar su rica historia y sus impresionantes estructuras arquitectónicas.

El monasterio ofrece una variedad de actividades y eventos culturales, incluyendo visitas guiadas, exposiciones de arte y conciertos. Estas actividades no solo enriquecen la experiencia de los visitantes, sino que también ayudan a preservar y promover el patrimonio cultural del monasterio.

Además, el monasterio es un punto de partida ideal para explorar la Ribeira Sacra, una región conocida por su belleza natural y su patrimonio histórico. Los visitantes pueden disfrutar de rutas de senderismo, paseos en barco por los cañones del Sil y visitas a otros monasterios y viñedos de la región.

Un Símbolo de la Herencia Cultural Gallega

El Monasterio de San Esteban de Ribas de Sil y la leyenda de los Nueve Anillos son un símbolo de la rica herencia cultural gallega. A través de sus historias, su arquitectura y sus tradiciones, el monasterio refleja la profunda conexión de Galicia con su pasado y su compromiso con la preservación de su identidad cultural.

Las leyendas y tradiciones asociadas con el monasterio han sido transmitidas de generación en generación, asegurando que la memoria del monasterio y sus monjes perdure. Estas historias no solo enriquecen la cultura gallega, sino que también sirven como fuente de inspiración y reflexión para las generaciones futuras.

Perspectivas Futuras

Investigación Continua

La leyenda de los Nueve Anillos continúa siendo objeto de investigación y estudio. Historiadores, arqueólogos y folcloristas están comprometidos en desentrañar la verdad detrás de la leyenda y comprender mejor su significado y su impacto en la cultura gallega.

Las investigaciones arqueológicas en el monasterio y sus alrededores pueden revelar nuevas pistas sobre la existencia de los anillos y su paradero. Además, los estudios de los textos y manuscritos antiguos pueden proporcionar información valiosa sobre la historia y las prácticas de los monjes que habitaron el monasterio.

Preservación y Promoción del Patrimonio

La preservación y promoción del patrimonio cultural del Monasterio de San Esteban de Ribas de Sil es esencial para asegurar que su legado perdure. Los esfuerzos de restauración y conservación deben continuar, garantizando que el monasterio se mantenga en buen estado y accesible para las generaciones futuras.

Además, es importante promover el conocimiento y la apreciación de la historia y las leyendas del monasterio. Programas educativos, eventos culturales y actividades turísticas pueden desempeñar un papel crucial en la difusión de este conocimiento y en la promoción del patrimonio cultural del monasterio.

Inspiración para el Futuro

El Monasterio de San Esteban de Ribas de Sil y la leyenda de los Nueve Anillos continúan inspirando a escritores, artistas y estudiosos. La rica historia y el misterio del monasterio ofrecen una fuente inagotable de inspiración, que puede ser explorada y reinterpretada de diversas maneras.

La combinación de hechos históricos y elementos sobrenaturales en la leyenda de los anillos proporciona un terreno fértil para la creatividad y la imaginación. A medida que nuevas generaciones descubren y se inspiran en estas historias, el legado del monasterio continuará vivo y relevante.

Conclusión

El Monasterio de San Esteban de Ribas de Sil y la leyenda de los Nueve Anillos representan una parte importante del patrimonio cultural de Galicia. A través de los siglos, la historia del monasterio y sus anillos mágicos ha capturado la imaginación de generaciones, convirtiéndose en un símbolo de la riqueza histórica y espiritual de la región.

Aunque los anillos puedan ser solo una leyenda, su impacto perdura, invitando a visitantes y estudiosos a explorar y reflexionar sobre la conexión entre el mundo material y el espiritual, entre el pasado y el presente. En este sentido, el Monasterio de San Esteban de Ribas de Sil sigue siendo un lugar de misterio y contemplación, un testimonio de la profunda herencia cultural y espiritual de Galicia.

La preservación y promoción de este patrimonio es esencial para asegurar que su legado perdure y continúe inspirando a futuras generaciones. A medida que seguimos explorando y celebrando la historia y las leyendas del monasterio, mantenemos viva la memoria de aquellos que lo habitaron y contribuimos a la riqueza cultural de Galicia.

Historia, Mitos y Leyendas de los Templarios en el Camino Sanabrés desde Ourense

Introducción

El Camino Sanabrés es una de las rutas más enigmáticas y menos transitadas del Camino de Santiago, pero está cargada de historia y leyendas que la convierten en una experiencia fascinante para los peregrinos. Entre las muchas historias que han dejado su huella en esta ruta, destacan las de los Templarios, una orden militar y religiosa que durante siglos protegió a los peregrinos y dejó un legado de misterio y fascinación. Este documento explorará en profundidad la historia, los mitos y las leyendas de los Templarios en el tr amo del Camino Sanabrés que atraviesa la provincia de Ourense, pr opor cion an do un análisis detallado de su influencia y legado en esta región.

Representación de un caballero templario en un camino

Historia de los Templarios

Orígenes de la Orden del Temple

La Orden del Temple, más conocida como los Templarios, fue fundada en 1119 por Hugo de Payens y otros ocho caballeros franceses con el objetivo de proteger a los peregrinos cristianos en Tierra Santa. Esta orden militar y religiosa fue aprobada oficialmente por la Iglesia en 1129, durante el Concilio de Troyes. A lo largo de los siglos XII y XIII, los Templarios se convirtieron en una de las órdenes más ricas y poderosas de la Cristiandad, adquiriendo vastas propiedades y riquezas en Europa y el Medio Oriente.

Los Templarios eran conocidos por su disciplina, su devoción religiosa y su habilidad en el combate. Vestían un manto blanco con una cruz roja, símbolo de su fe y su compromiso con la defensa del cristianismo. A lo largo de su existencia, la orden adquirió numerosas propiedades, tanto donadas por nobles y reyes agradecidos como compradas con los fondos que recaudaban a través de diversas actividades económicas.

Expansión en la Península Ibérica

En la Península Ibérica, los Templarios jugaron un papel crucial en la Reconquista, la serie de campañas militares destinadas a expulsar a los musulmanes de España. Su habilidad militar y su organización eficiente les valieron la concesión de tierras y castillos por parte de los reyes cristianos, que veían en ellos aliados valiosos en la lucha contra los musulmanes.

Los Templarios establecieron numerosas encomiendas (grandes propiedades rurales) en la península, que servían como bases de operaciones para sus actividades militares y económicas. Estas encomiendas también funcionaban como centros de acogida y protección para los peregrinos que se dirigían a Santiago de Compostela. En Galicia y el norte de Portugal, su influencia fue particularmente significativa, y su legado aún puede verse en diversas estructuras y tradiciones.

El Camino Sanabrés

Descripción de la Ruta

El Camino Sanabrés se desprende de la Vía de la Plata en Granja de Moreruela, en la provincia de Zamora, y atraviesa las provincias de Ourense y A Coruña antes de llegar a

Santiago de Compostela. Esta ruta recorre unos 370 kilómetros y es conocida por su belleza natural y su tranquilidad, ofreciendo una alternativa menos transitada a las rutas más populares como el Camino Francés.

El Camino Sanabrés pasa por paisajes variados, desde las tierras llanas y fértiles de Zamora hasta las montañas y valles de Galicia. A lo largo de la ruta, los peregrinos pueden disfrutar de la rica historia y el patrimonio cultural de la región, visitando antiguos monasterios, iglesias románicas y castillos medievales.

Importancia Histórica

Durante la Edad Media, el Camino Sanabrés fue una ruta importante para los peregrinos que se dirigían a Santiago de Compostela desde el sur de España. La ruta atravesaba regiones estratégicas que eran frecuentemente escenario de conflictos entre reinos cristianos y musulmanes, lo que hizo necesaria la protección de los peregrinos por órdenes militares como los Templarios.

Los Templarios desempeñaron un papel crucial en la seguridad y la infraestructura del Camino Sanabrés. Establecieron encomiendas y hospitales a lo largo de la ruta, ofreciendo refugio y asistencia a los peregrinos. Además, construyeron y mantuvieron puentes, caminos y otras infraestructuras esenciales para facilitar el viaje de los peregrinos.

Los Templarios en Ourense

Presencia Templaria en Ourense

La presencia de los Templarios en la provincia de Ourense está marcada por varias estructuras y leyendas que han perdurado a lo largo de los siglos. Aunque no se han encontrado grandes castillos templarios en esta región, la influencia de la orden es evidente en varias iglesias y antiguos hospitales de peregrinos.

La Iglesia de Santa María de Xunqueira de Ambía

Uno de los puntos de interés templarios en Ourense es la Iglesia de Santa María de Xunqueira de Ambía. Aunque no se sabe con certeza si fue construida por los Templarios, su arquitectura y ciertos elementos decorativos sugieren una influencia templaria. La iglesia, con su estilo románico y gótico, es un testimonio de la arquitectura religiosa de la época y es un punto de parada importante para los peregrinos en el Camino Sanabrés.

La iglesia es conocida por sus hermosos capiteles esculpidos y su portal románico, que presentan iconografía que podría estar relacionada con los Templarios. Además, la iglesia tiene una cripta subterránea que se dice que fue utilizada por los Templarios para guardar reliquias sagradas y tesoros.

El Hospital de San Xoán de Portomarín

El Hospital de San Xoán de Portomarín, aunque se encuentra en la ruta principal del Camino de Santiago, tiene vínculos históricos con los Templarios y su misión de proteger y asistir a los peregrinos. Este hospital, fundado en el siglo XII, servía como refugio y lugar de curación para los peregrinos que llegaban exhaustos y enfermos.

El hospital era conocido por su avanzada infraestructura médica para la época y su dedicación al cuidado de los peregrinos. Los Templarios administraban el hospital y se aseguraban de que los peregrinos recibieran la atención necesaria antes de continuar su camino hacia Santiago de Compostela.

Mitos y Leyendas de los Templarios en Ourense

El Tesoro Templario

Una de las leyendas más persistentes asociadas con los Templarios es la del tesoro perdido. Se dice que los Templarios acumulaban grandes riquezas en forma de oro, joyas y reliquias sagradas, que escondieron cuando la orden fue disuelta en el siglo XIV.

La Leyenda del Tesoro de Santa María de Xunqueira

Una leyenda local en Ourense sugiere que los Templarios escondieron parte de su tesoro en la Iglesia de Santa María de Xunqueira de Ambía. Según la historia, cuando la orden fue arrestada y disuelta, los caballeros templarios de la región ocultaron sus riquezas en una cripta secreta bajo la iglesia. A lo largo de los siglos, muchos han intentado encontrar el tesoro, pero hasta ahora, ningún rastro de las riquezas templarias ha sido descubierto.

Se dice que la cripta está

protegida por trampas y maldiciones, y que solo aquellos con corazones puros y intenciones nobles pueden acceder a ella. Esta leyenda ha atraído a numerosos cazadores de tesoros y aventureros, pero la ubicación exacta de la cripta sigue siendo un misterio.

El Santo Grial

El Santo Grial, el legendario cáliz utilizado por Jesucristo en la Última Cena, ha sido asociado con los Templarios en numerosas leyendas. Se cree que los Templarios, en su búsqueda de reliquias sagradas, encontraron el Grial y lo llevaron a Europa.

La Leyenda del Grial en Xunqueira de Ambía

Una de las leyendas más intrigantes es la que sitúa el Santo Grial en la Iglesia de Santa María de Xunqueira de Ambía. Según esta historia, los Templarios trajeron el Grial desde Tierra Santa y lo escondieron en una cámara secreta dentro de la iglesia. Se dice que solo un caballero puro de corazón puede encontrar el Grial, y muchos han buscado en vano la legendaria reliquia.

La iglesia de Santa María de Xunqueira de Ambía, con su misteriosa iconografía y sus inscripciones en latín, ha sido objeto de numerosos estudios y teorías sobre la ubicación del Grial. Algunos creen que los símbolos y las inscripciones contienen pistas sobre el paradero del Grial, pero hasta ahora, ninguna prueba concluyente ha sido encontrada.

La Caída de los Templarios

El Arresto y la Disolución

El 13 de octubre de 1307, bajo las órdenes del rey Felipe IV de Francia, todos los Templarios en Francia fueron arrestados. El papa Clemente V disolvió oficialmente la orden en 1312. Los Templarios fueron acusados de herejía, idolatría y otros crímenes graves, aunque muchos creen que las verdaderas razones detrás de la persecución fueron la envidia y el deseo de apoderarse de sus riquezas.

El Destino de los Templarios en Ourense

En Ourense, como en el resto de Europa, los Templarios fueron arrestados y sus propiedades confiscadas. Sin embargo, las leyendas locales sugieren que algunos templarios lograron escapar y esconderse, llevando consigo sus secretos y riquezas. Estas historias han alimentado la imaginación de generaciones y han mantenido vivo el misterio en torno a los Templarios en esta región.

La Huida de los Templarios

Una leyenda cuenta que varios caballeros templarios lograron escapar del arresto y se refugiaron en las montañas de Ourense. Estos templarios continuaron viviendo en secreto, protegiendo sus tesoros y manteniendo sus rituales ocultos. Se dice que formaron una red subterránea de túneles y refugios, conectando sus antiguas encomiendas con lugares seguros en las montañas.

Esta red de túneles y refugios ha sido objeto de numerosas exploraciones y estudios arqueológicos, pero hasta ahora, no se han encontrado pruebas concluyentes de su existencia. Sin embargo, las historias de túneles secretos y templarios escondidos continúan fascinando a los investigadores y aventureros.

El Legado de los Templarios

Influencia Arquitectónica

La influencia de los Templarios en la arquitectura religiosa de Ourense es evidente en varias iglesias y estructuras. Elementos como los arcos ojivales, las cruces templarias y las inscripciones en latín son testimonio de la presencia templaria en la región. Estos vestigios arquitectónicos no solo enriquecen el patrimonio cultural de Ourense, sino que también atraen a historiadores y turistas interesados en la historia medieval.

Elementos Templarios en Santa María de Xunqueira

La iglesia de Santa María de Xunqueira de Ambía presenta varios elementos arquitectónicos que sugieren una influencia templaria. Los capiteles esculpidos con figuras de caballeros, los arcos ojivales y las cruces templarias son indicativos de la presencia y el poder de los Templarios en la región.

Estos elementos arquitectónicos han sido objeto de numerosos estudios y teorías sobre la relación entre la iglesia y los Templarios. Algunos creen que la iglesia fue construida por los Templarios como un lugar de refugio y adoración, mientras que otros sugieren que fue utilizada como un centro de operaciones para sus actividades en el Camino Sanabrés.

Influencia en la Cultura Popular

Las leyendas y mitos sobre los Templarios han influido profundamente en la cultura popular de Ourense. Las historias de tesoros escondidos, reliquias sagradas y caballeros valientes han sido transmitidas de generación en generación, alimentando la imaginación de escritores, artistas y cineastas. En la actualidad, estas leyendas continúan inspirando obras de ficción y documentales que exploran el misterioso legado de los Templarios.

Los Templarios en la Literatura y el Cine

La figura de los Templarios ha sido recurrente en la literatura y el cine, con numerosas obras que exploran sus misterios y leyendas. Novelas históricas, películas de aventuras y documentales han utilizado la rica historia y el misterio de los Templarios como telón de fondo para sus historias.

En la literatura, autores como Umberto Eco y Dan Brown han explorado la historia y los mitos de los Templarios en sus obras. En el cine, películas como "El Código Da Vinci" y "Indiana Jones y la Última Cruzada" han popularizado la imagen de los Templarios como guardianes de secretos y reliquias sagradas.

Investigaciones y Descubrimientos

Excavaciones Arqueológicas

En las últimas décadas, las excavaciones arqueológicas en Ourense y otras partes del Camino Sanabrés han arrojado nueva luz sobre la presencia templaria en la región. Los arqueólogos han descubierto restos de antiguas estructuras, artefactos y documentos que proporcionan valiosas pistas sobre la vida y actividades de los Templarios.

Hallazgos en Santa María de Xunqueira

Uno de los descubrimientos más significativos se produjo en la Iglesia de Santa María de Xunqueira de Ambía, donde los arqueólogos encontraron restos de una cripta subterránea. Aunque no se hallaron tesoros, los objetos y documentos desenterrados proporcionaron información valiosa sobre la historia de la iglesia y su conexión con los Templarios.

Los hallazgos incluyen inscripciones en latín, fragmentos de manuscritos y objetos litúrgicos que sugieren la presencia de una comunidad templaria en la iglesia. Estos descubrimientos han sido objeto de numerosos estudios y teorías sobre el papel de los Templarios en la región.

Estudios Históricos

Los estudios históricos sobre los Templarios en el Camino Sanabrés han contribuido a una mejor comprensión de su impacto en la región. Historiadores han examinado documentos antiguos, cartas y crónicas para reconstruir la historia de los Templarios y su papel en la protección de los peregrinos y la administración de sus encomiendas.

La Documentación Templaria

La documentación templaria encontrada en los archivos eclesiásticos y civiles proporciona una visión detallada de la vida y actividades de los Templarios en Ourense. Estas fuentes incluyen cartas de donación, registros de propiedad y crónicas que describen las actividades militares y económicas de la orden.

Los estudios de estos documentos han revelado la extensa red de propiedades templarias en la región, así como sus interacciones con la nobleza local y otros órdenes religiosas.

Estos estudios han ayudado a desmitificar algunas de las leyendas y a proporcionar una comprensión más matizada de la presencia templaria en el Camino Sanabrés.

La Ruta Sanabresa en la Actualidad

Turismo y Cultura

El Camino Sanabrés sigue siendo una ruta popular para los peregrinos que buscan una experiencia más tranquila y menos concurrida en comparación con otras rutas jacobeas. La rica historia y las leyendas de los Templarios añaden un atractivo especial a esta ruta, atrayendo a turistas y peregrinos interesados en el misterio y la aventura.

Rutas Temáticas

Las rutas temáticas dedicadas a los Templarios han ganado popularidad en los últimos años. Estas rutas ofrecen a los visitantes la oportunidad de explorar los sitios históricos y las leyendas asociadas con los Templarios, proporcionando una experiencia educativa y emocionante.

Los tours guiados por expertos en historia medieval permiten a los visitantes descubrir los secretos de los Templarios en el Camino Sanabrés, visitando lugares emblemáticos como la Iglesia de Santa María de Xunqueira de Ambía y el Hospital de San Xoán de Portomarín.

Eventos y Festividades

La historia y las leyendas de los Templarios son celebradas en diversas festividades y eventos culturales a lo largo del Camino Sanabrés. Estas festividades incluyen recreaciones históricas, ferias medievales y conferencias que exploran la rica herencia templaria de la región.

La Feria Medieval de Ourense

Una de las festividades más destacadas es la Feria Medieval de Ourense, que se celebra anualmente y atrae a miles de visitantes. Durante la feria, las calles de Ourense se transforman en un mercado medieval, con puestos de artesanía, comida tradicional y espectáculos de música y danza.

La feria incluye recreaciones históricas que representan la vida y las actividades de los Templarios, permitiendo a los visitantes sumergirse en el ambiente medieval y aprender más sobre la historia de la orden. Además, se organizan visitas guiadas a los sitios templarios de la región, proporcionando una experiencia educativa y entretenida.

El Legado Duradero de los Templarios

Conservación del Patrimonio

La conservación del patrimonio templario en Ourense es esencial para preservar la rica historia y las leyendas de la región. Las autoridades locales y las organizaciones culturales trabajan para proteger y mantener las estructuras históricas y los artefactos templarios, asegurando que las futuras generaciones puedan disfrutar y aprender de este legado.

Restauración de Santa María de Xunqueira

La iglesia de Santa María de Xunqueira de Ambía ha sido objeto de varios proyectos de restauración a lo largo de los años, con el objetivo de preservar su arquitectura y sus elementos decorativos. Estos proyectos incluyen la restauración de los capiteles esculpidos, la reparación de los arcos ojivales y la conservación de las inscripciones en latín.

La cripta subterránea de la iglesia también ha sido objeto de estudios y excavaciones, con el objetivo de descubrir más sobre su historia y su posible conexión con los Templarios. Estos esfuerzos de conservación han ayudado a mantener la iglesia en buen estado y a promover su valor histórico y cultural.

Educación y Divulgación

La educación y la divulgación son cruciales para mantener vivo el legado templario en Ourense. Las escuelas, universidades y organizaciones culturales ofrecen programas educativos y talleres que exploran la historia y las leyendas de los Templarios, fomentando el interés y la comprensión de este importante aspecto del patrimonio local.

Programas Educativos

Los programas educativos en las escuelas y universidades de Ourense incluyen cursos y talleres sobre la historia medieval y los Templarios. Estos programas combinan la enseñanza en el aula con visitas a sitios históricos y actividades prácticas, proporcionando una experiencia educativa integral.

Los estudiantes tienen la oportunidad de aprender sobre la vida y las actividades de los Templarios, así como sobre su impacto en la región y su legado duradero. Estos programas también fomentan el interés por la arqueología y la historia, inspirando a las futuras generaciones a continuar investigando y preservando el patrimonio templario.

Conclusión

La historia, los mitos y las leyendas de los Templarios en el Camino Sanabrés desde Ourense representan una parte fascinante y rica del patrimonio cultural de Galicia. A través de sus estructuras arquitectónicas, sus leyendas de tesoros escondidos y reliquias sagradas, y su impacto en la historia medieval, los Templarios han dejado una huella duradera en la región.

La preservación y promoción de este patrimonio es esencial para asegurar que su legado perdure y continúe inspirando

Continuamos nuestro peregrinar y nos acercamos a una pequeña aldea llamada Pielas. En ella atravesaremos el camino rodeados un entrono natural incomparable.

Pielas es una pequeña aldea situada en la provincia de Ourense, Galicia, en el noroeste de España. Forma parte de la ruta del Camino Sanabrés, una de las rutas menos transitadas del Camino de Santiago, conocida por su belleza natural y su ser enidad. Este artículo explora en detalle la ubicación de Pielas, su entorno natural y la rica cultura y tradición de la región, brindando una visión profunda de esta pintoresca aldea gallega.

Salida de PIELA, siguiendo nuestro camino hacia A GOUXA

Ubicación de Pielas

Geografía y Acceso

Pielas se encuentra en el corazón de Galicia, una región famosa por sus paisajes verdes y su clima húmedo. La aldea está ubicada en el Camino Sanabrés, una ruta del Camino de Santiago que comienza en la localidad de Granja de Moreruela, en la provincia de Zamora, y atraviesa el sureste de Galicia para unirse al Camino Francés en Santiago de Compostela. La posición de Pielas en este camino hace que sea un punto de interés para los peregrinos que buscan una ruta menos congestionada y más en contacto con la naturaleza.

Proximidad a San Cristovo de Cea y Dozón

Pielas se encuentra entre las localidades de San Cristovo de Cea y Dozón. San Cristovo de Cea es conocida por su monasterio y por el famoso "pan de Cea", un pan artesanal con denominación de origen protegida. Dozón, por su parte, es una pequeña localidad que ofrece un vistazo a la vida rural gallega y es conocida por sus paisajes naturales y su tranquilidad.

Entorno Natural

Paisajes y Clima

El entorno natural de Pielas es típico de la Galicia rural, con colinas verdes, bosques frondosos y campos de cultivo. La región se caracteriza por un clima oceánico, con inviernos suaves y lluviosos y veranos templados. La abundancia de lluvia mantiene el paisaje exuberantemente verde durante todo el año, con una biodiversidad rica que incluye robles, castaños, y una variedad de flora y fauna autóctonas.

Caminos y Senderos

Los alrededores de Pielas están salpicados de senderos y caminos que son utilizados tanto por los peregrinos como por los habitantes locales. Estos caminos atraviesan bosques de robles y castaños, cruzan pequeños arroyos y ríos, y pasan por campos de cultivo y pastizales. Los peregrinos que recorren el Camino Sanabrés pueden disfrutar de la tranquilidad y la belleza de estos senderos, lejos del bullicio de las rutas más concurridas.

Ríos y Recursos Hídricos

La región es rica en recursos hídricos, con numerosos ríos y arroyos que atraviesan el paisaje. Estos cuerpos de agua no solo embellecen el entorno, sino que también proporcionan recursos vitales para la agricultura y la vida silvestre. Los ríos y arroyos de la zona son hábitats para una variedad de especies de peces y aves, y sus orillas suelen estar cubiertas de una densa vegetación ribereña.

Cultura y Tradición

Historia y Patrimonio

Pielas, como muchas aldeas gallegas, tiene una historia que se remonta a varios siglos. La región de Ourense ha sido habitada desde tiempos prehistóricos, con evidencia de asentamientos humanos que datan de la Edad del Bronce. La influencia romana también es notable en la región, con numerosos restos arqueológicos que atestiguan la presencia romana en Galicia.

Arquitectura Tradicional

La arquitectura de Pielas refleja la historia y la cultura de la región. Las casas tradicionales están construidas con piedra local, con techos de teja o pizarra. Muchas de estas casas cuentan con hórreos, estructuras elevadas utilizadas para almacenar granos y protegerlos de la humedad y los roedores. Los hórreos son una característica distintiva del paisaje gallego y un símbolo de su patrimonio rural.

Festividades y Celebraciones

Las festividades son una parte integral de la vida en Pielas. Las celebraciones religiosas y las festividades estacionales marcan el ritmo del año. Una de las festividades más importantes es el Entroido, el carnaval gallego, que se celebra con desfiles, disfraces y la quema simbólica de figuras llamadas "peleles". Esta tradición tiene profundas raíces en la cultura local y simboliza la expulsión de lo negativo y la renovación.

Gastronomía

La gastronomía de Pielas y la región de Ourense es rica y variada, con una fuerte influencia de los productos locales. El "pan de Cea" es famoso en toda Galicia y se elabora de manera artesanal siguiendo técnicas tradicionales. Los platos típicos incluyen el pulpo a la gallega, el caldo gallego, y una variedad de mariscos y pescados frescos. La carne de cerdo también es muy popular, con productos como el lacón con grelos y los chorizos caseros.

Artesanía

La artesanía es una parte importante de la cultura local. Los habitantes de Pielas y sus alrededores son conocidos por sus habilidades en la alfarería, la cestería y la elaboración de textiles. Estos productos artesanales no solo son una fuente de ingresos, sino que también preservan técnicas y tradiciones que se han transmitido de generación en generación.

Música y Danza

La música y la danza tradicionales gallegas son otra expresión vibrante de la cultura de Pielas. La gaita, un instrumento de viento similar a la gaita escocesa, es el símbolo musical de Galicia y se utiliza en muchas celebraciones y eventos comunitarios. La danza tradicional, incluyendo la muiñeira, es una parte esencial de estas festividades y refleja la alegría y el espíritu comunitario de la región.

Camino Sanabrés

Importancia Histórica

El Camino Sanabrés es una de las rutas menos conocidas pero históricamente importantes del Camino de Santiago. Su trazado actual sigue en gran parte los antiguos caminos utilizados por los romanos y, más tarde, por los peregrinos medievales. La ruta ofrece una alternativa más tranquila y natural a las rutas más concurridas, permitiendo a los peregrinos una experiencia más íntima y reflexiva.

Etapas del Camino

La etapa que incluye Pielas es una de las más pintorescas del Camino Sanabrés. Partiendo de San Cristovo de Cea, los peregrinos atraviesan una serie de aldeas y paisajes rurales antes de llegar a Dozón. Cada etapa del camino está marcada por su propia belleza y desafíos, con una mezcla de caminos forestales, senderos rurales y pequeñas carreteras.

Alojamiento y Servicios

Aunque Pielas es una pequeña aldea, los peregrinos pueden encontrar alojamiento en casas rurales y albergues situados a lo largo de la ruta. Estos alojamientos suelen ofrecer una

experiencia acogedora y familiar, con comidas caseras y la oportunidad de conocer a otros peregrinos. Además, los bares y restaurantes locales brindan la oportunidad de disfrutar de la gastronomía gallega.

Conclusión

Pielas es una joya escondida en el Camino Sanabrés, ofreciendo a los peregrinos una combinación única de belleza natural, riqueza cultural y hospitalidad gallega. Su ubicación entre San Cristovo de Cea y Dozón permite a los caminantes disfrutar de paisajes verdes, tranquilos senderos y una profunda conexión con la historia y las tradiciones de Galicia. Con sus festividades, gastronomía y patrimonio arquitectónico, Pielas representa lo mejor de la vida rural gallega y es un destino memorable para todos aquellos que buscan una experiencia auténtica en el Camino de Santiago

A Gouxa

A Gouxa es una aldea situada en la provincia de Ourense. Esta pequeña localidad forma parte del municipio de Dozón y es una de las muchas aldeas pintorescas que se encuentran en el Camino Sanabrés, una de las rutas del Camino de Santiago. A lo largo de este extenso artículo, exploraremos en profundidad la historia, la tradición, la cultura, los monumentos e iglesias, y las fiestas de A Gouxa, proporcionando una visión detallada y rica en contenido sobre esta encantadora aldea gallega.

Historia de A Gouxa

Orígenes y Desarrollo

A Gouxa tiene una historia que se remonta a varios siglos, como muchas aldeas en Galicia. Los primeros asentamientos en la región probablemente datan de la época prerromana, con la presencia de tribus celtas que habitaron estas tierras antes de la llegada de los romanos. La influencia celta aún se puede sentir en la cultura y las tradiciones locales, así como en los vestigios arqueológicos encontrados en la zona.

Con la llegada de los romanos, Galicia experimentó un período de romanización que dejó una marca duradera en su infraestructura y cultura. Los romanos construyeron vías y puentes, algunos de los cuales todavía se utilizan hoy en día. A Gouxa, aunque pequeña, se benefició de la proximidad a

Capela o Capilla de A Gouxa

estas rutas romanas, facilitando el comercio y el contacto con otras regiones.

Edad Media

Durante la Edad Media, A Gouxa, al igual que muchas otras aldeas gallegas, se desarrolló en torno a la agricultura y la ganadería. La aldea también jugó un papel en el Camino de Santiago, ya que los peregrinos que recorrían el Camino Sanabrés pasaban por aquí en su viaje hacia Santiago de Compostela. Este flujo constante de peregrinos trajo consigo una mezcla de culturas e influencias, enriqueciendo la vida local y contribuyendo al desarrollo económico y social de la aldea.

Siglos XVII al XIX

Entre los siglos XVII y XIX, A Gouxa experimentó varios cambios, incluida la construcción de edificios religiosos y civiles. La iglesia parroquial y varias capillas se erigieron durante este período, reflejando la profunda religiosidad de sus habitantes. La economía local siguió basándose en la agricultura, pero también se diversificó con la artesanía y el comercio local.

Siglo XX y Modernidad

En el siglo XX, A Gouxa, como muchas aldeas rurales en Galicia, enfrentó desafíos significativos, incluyendo la emigración. Muchos habitantes dejaron la aldea en busca de mejores oportunidades en las ciudades o en el extranjero, especialmente en América Latina y Europa. Sin embargo, aquellos que permanecieron continuaron manteniendo vivas las tradiciones y la cultura local. Hoy en día, A Gouxa combina su herencia histórica con las comodidades modernas, atrayendo tanto a residentes como a visitantes.

Tradición y Cultura de A Gouxa

Costumbres y Estilo de Vida

La vida en A Gouxa está marcada por un profundo respeto por las tradiciones y costumbres heredadas de generaciones anteriores. La agricultura y la ganadería siguen siendo actividades centrales, y muchas familias se dedican al cultivo de cereales, patatas y vegetales, así como a la cría de ganado.

El estilo de vida en A Gouxa es comunitario, con vecinos que

Vista general de Castro de Dozón

a menudo se ayudan mutuamente en tareas agrícolas y en la organización de festividades locales. La hospitalidad es una característica destacada de la cultura local, y los visitantes son recibidos calurosamente, especialmente los peregrinos que recorren el Camino de Santiago.

Capítulo 3

Dozón a Lalín

Castro de Dozón

Historia de Castro Dozón

Castro Dozón es una pequeña localidad situada en la provincia de Pontevedra, Galicia, España. A lo largo de su historia, ha sido testigo de numerosos eventos y cambios que han moldeado su identidad y su cultura. Este artículo profundiza en la historia de Castro Dozón, desde sus orígenes prehistóricos hasta la época contemporánea, destacando los principales hitos y desarrollos que han influido en su evolución.

Orígenes Prehistóricos

Los orígenes de Castro Dozón se remontan a tiempos prehistóricos. El nombre "Castro" hace referencia a los antiguos asentamientos fortificados celtas conocidos como castros, que eran comunes en Galicia antes de la llegada de los romanos. Estos castros eran estructuras defensivas situadas en colinas o elevaciones, que ofrecían una ventaja estratégica en caso de ataques.

Evidencia Arqueológica:

- **Castros Celtas:** La región de Castro Dozón, como muchas otras partes de Galicia, alberga varios restos de castros. Estos asentamientos reflejan la vida de las tribus celtas, que eran sociedades agrícolas y ganaderas con una fuerte organización comunitaria.

• **Herramientas y Cerámica:** Los hallazgos arqueológicos en la zona incluyen herramientas de piedra, cerámica y otros artefactos que proporcionan información sobre la vida cotidiana de estos primeros habitantes.

Influencia Romana

En el siglo I a.C., los romanos conquistaron la región, trayendo consigo nuevas tecnologías, infraestructuras y formas de organización social. La romanización tuvo un impacto significativo en Galicia, y Castro Dozón no fue una excepción.

Desarrollo bajo los Romanos:

• **Infraestructura:** Los romanos construyeron vías y puentes que mejoraron las comunicaciones y el comercio. La calzada romana que atravesaba Galicia conectaba Castro Dozón con otras partes del imperio.
• **Agricultura y Comercio:** La introducción de nuevas técnicas agrícolas y el comercio de productos locales con otras regiones del imperio romano contribuyeron al desarrollo económico de la zona.

Edad Media

Durante la Edad Media, Galicia experimentó un resurgimiento del cristianismo y una reorganización social y política significativa. Castro Dozón se convirtió en un importante centro religioso y de peregrinación.

Cristianización y Feudalismo:

- **Monasterios e Iglesias:** La construcción de iglesias y monasterios en la región refleja la consolidación del cristianismo. La Iglesia de San Salvador de Castro Dozón, construida en el siglo XII, es un ejemplo destacado de la arquitectura románica de la época.
- **Feudalismo:** El sistema feudal se estableció, con la tierra controlada por nobles y la iglesia. Los campesinos trabajaban la tierra a cambio de protección y sustento, creando una estructura social jerárquica.

Peregrinación:

- **Camino de Santiago:** El descubrimiento de la tumba del Apóstol Santiago en Santiago de Compostela convirtió a Galicia en un importante destino de peregrinación. El Camino Sanabrés, una de las rutas del Camino de Santiago, pasa cerca de Castro Dozón, trayendo consigo a peregrinos de toda Europa.

Siglos XVII al XIX

Los siglos XVII al XIX fueron períodos de cambio y desarrollo para Castro Dozón. La región experimentó transformaciones en su economía, infraestructura y organización social.

Cambios Económicos y Sociales:

- **Revolución Agrícola:** La introducción de nuevas técnicas agrícolas y cultivos mejoró la productividad y la autosuficiencia de la comunidad.
- **Construcción de Infraestructuras:** Se construyeron nuevas carreteras, puentes y edificios públicos, mejorando la conectividad y la calidad de vida.

- **Desamortización:** Durante el siglo XIX, la desamortización de las propiedades eclesiásticas y comunales llevó a la redistribución de tierras, afectando la estructura social y económica de la región.

Ábside de S. Pedro de Vilanova

Siglo XX y Modernidad

El siglo XX trajo consigo desafíos y oportunidades para Castro Dozón. La modernización y la emigración fueron factores clave en este período.

Emigración:

- **Migraciones:** Muchos habitantes de Castro Dozón emigraron a América Latina y Europa en busca de mejores oportunidades económicas. Esta emigración tuvo un impacto profundo en la demografía y la economía local.

- **Remesas:** Los emigrantes enviaban remesas a sus familias en Galicia, lo que ayudó a mejorar las condiciones de vida y financió proyectos comunitarios.

Historia y Significado del Monasterio de San Pedro de Vilanova

El Monasterio de San Pedro de Vilanova es una joya arquitectónica y espiritual situada en la parroquia de Vilanova, en la provincia de Pontevedra, Galicia, España. Este monasterio, aunque menos conocido que otros grandes monasterios gallegos como el de Oseira, tiene una rica historia que se remonta a la Edad Media y ha desempeñado un papel significativo en la vida religiosa y cultural de la región.

Orígenes y Fundación

Siglo XII: Fundación y Establecimiento

El Monasterio de San Pedro de Vilanova fue fundado en el siglo XII, en un momento de expansión y consolidación del cristianismo en Galicia. La fundación del monasterio está vinculada a la orden benedictina, que jugó un papel crucial en la difusión de la fe y la cultura en toda Europa.

- **Patronazgo:** El monasterio fue fundado bajo el patronazgo de la nobleza local, que donó tierras y recursos para su construcción. Estos benefactores vieron en el monasterio no solo un centro espiritual, sino también una forma de consolidar su poder e influencia en la región.

- **Arquitectura Románica:** La arquitectura original del monasterio es de estilo románico, caracterizada por sus arcos de medio punto, muros robustos y una decoración escultórica rica en simbolismo religioso.

Siglos XIII-XV: Crecimiento y Expansión

Durante los siglos XIII al XV, el Monasterio de San Pedro de Vilanova experimentó un período de crecimiento y expansión, tanto en términos de su infraestructura como de su influencia.

- **Expansión Arquitectónica:** Se añadieron nuevas alas y edificios auxiliares al complejo monástico, incluyendo un refectorio, dormitorios para los monjes, y una biblioteca. Estos añadidos reflejan la prosperidad del monasterio y su capacidad para atraer a una comunidad monástica numerosa.
- **Incremento de Poder:** El monasterio acumuló tierras y riquezas a través de donaciones y legados, lo que aumentó su poder e influencia en la región. Los monjes benedictinos no solo se dedicaban a la vida espiritual, sino que también desempeñaban roles importantes en la administración local y la educación.

Edad Media: Centro Espiritual y Cultural

Importancia Religiosa

El Monasterio de San Pedro de Vilanova se convirtió en un importante centro espiritual durante la Edad Media, atrayendo a peregrinos y devotos de toda Galicia.

- **Vida Monástica:** La vida en el monasterio seguía la regla de San Benito, que enfatizaba la oración, el trabajo y la lectura. Los monjes dedicaban gran parte de su tiempo a la oración y a la copia de manuscritos, contribuyendo a la preservación del conocimiento y la cultura.

• **Peregrinación:** Aunque no está en el camino principal del Camino de Santiago, el monasterio atraía a peregrinos que buscaban lugares de retiro y meditación. Su reputación como centro de espiritualidad y milagros lo convertía en un destino secundario significativo.

Rol Cultural y Educativo

Además de su función religiosa, el monasterio desempeñaba un papel crucial en la vida cultural y educativa de la región.

• **Educación y Scriptorium:** El monasterio albergaba un scriptorium donde los monjes copiaban y producían manuscritos. Este trabajo fue vital para la preservación de textos religiosos y clásicos durante la Edad Media.

• **Arte y Música:** Los monjes también eran responsables de la creación y enseñanza de música sacra y la producción de obras de arte religioso. Estos elementos contribuían a la riqueza cultural del monasterio y la región circundante.

Renacimiento y Barroco: Renovación y Embellecimiento

Siglos XVI-XVII: Renovaciones Renacentistas y Barrocas

El Renacimiento y el Barroco trajeron consigo nuevas corrientes artísticas y arquitectónicas que dejaron una profunda huella en el Monasterio de San Pedro de Vilanova.

- **Renovación Arquitectónica:** Durante el Renacimiento, se realizaron importantes renovaciones en el monasterio. Se añadieron elementos decorativos y estructurales renacentistas, como ventanas más grandes y decoración más elaborada en los capiteles y portadas.
- **Decoración de estilo Barroco:** En el siglo XVII, el monasterio fue embellecido con ornamentos barrocos. Los altares y retablos fueron decorados con dorados y detalles intrincados, reflejando la riqueza y el poder de la iglesia en esa época.

Impacto del Concilio de Trento

El Concilio de Trento (1545-1563) y la Contrarreforma tuvieron un impacto significativo en la vida del monasterio, impulsando reformas litúrgicas y estructurales.

- **Reformas Litúrgicas:** Se implementaron cambios en la liturgia para reforzar la ortodoxia católica y combatir las influencias protestantes. El monasterio adoptó estas reformas, asegurando la alineación con las nuevas directrices de la iglesia.
- **Aumento de Devoción:** Se promovieron nuevas formas de devoción, como las procesiones y la adoración eucarística, que se convirtieron en parte integral de la vida religiosa del monasterio.

Siglo XVIII-XIX: Declive y Desamortización

Siglo XVIII: Desafíos y Declive

El siglo XVIII presentó numerosos desafíos para el Monasterio de San Pedro de Vilanova, incluyendo guerras y cambios políticos que afectaron su estabilidad.

- **Guerras y Conflictos:** La Guerra de Sucesión Española (1701-1714) y otras guerras europeas tuvieron un impacto negativo en la región, afectando la economía y la seguridad del monasterio.
- **Declive Económico:** La disminución de las donaciones y el desgaste de los recursos llevaron a un período de declive económico. El mantenimiento del monasterio se hizo cada vez más difícil, afectando su infraestructura y operaciones.

Siglo XIX: Desamortización y Consecuencias

La desamortización de Mendizábal en 1836, que buscaba desamortizar las propiedades de la iglesia para modernizar la economía española, tuvo un impacto devastador en el monasterio.

- **Confiscación de Propiedades:** El monasterio perdió gran parte de sus tierras y propiedades, lo que llevó a una drástica reducción de sus ingresos y capacidad de operación.
- **Abandono y Ruina:** La desamortización resultó en el abandono del monasterio. Muchos de sus edificios cayeron en ruinas, y su rica herencia cultural y artística sufrió un grave deterioro.

Siglo XX-XXI: Restauración y Revitalización

Siglo XX: Proyectos de Restauración

A lo largo del siglo XX, se realizaron esfuerzos significativos para restaurar y preservar el Monasterio de San Pedro de Vilanova, reconociendo su valor histórico y cultural.

- **Proyectos de Restauración:** Varias iniciativas públicas y privadas trabajaron para restaurar los edificios monásticos, reparar daños estructurales y recuperar elementos artísticos perdidos o dañados.
- **Declaración de Bien de Interés Cultural:** En reconocimiento a su importancia histórica y artística, el monasterio fue declarado Bien de Interés Cultural, lo que ayudó a asegurar fondos y apoyo para su conservación continua.

Siglo XXI: Revalorización y Uso Contemporáneo

En el siglo XXI, el Monasterio de San Pedro de Vilanova ha encontrado un nuevo propósito, equilibrando su herencia histórica con el uso contemporáneo.

- **Centro Cultural y Turístico:** El monasterio se ha convertido en un centro cultural y turístico, ofreciendo visitas guiadas, exposiciones y eventos culturales que atraen a visitantes de todo el mundo.
- **Revivir la Espiritualidad:** Aunque no alberga una comunidad monástica permanente, el monasterio sigue siendo un lugar de retiro y meditación, acogiendo a grupos espirituales y eventos religiosos ocasionales.

Elementos Arquitectónicos y Artísticos Destacados

Arquitectura Románica y Gótica

El Monasterio de San Pedro de Vilanova combina elementos de la arquitectura románica y gótica, reflejando su evolución a lo largo de los siglos.

- **Iglesia Monástica:** La iglesia es un magnífico ejemplo de arquitectura románica, con su nave de bóveda de cañón, arcos de medio punto y capiteles decorados. Las posteriores adiciones góticas incluyen arcos ojivales y ventanas más grandes que permiten una mayor entrada de luz.
- **Claustro:** El claustro, que fue añadido durante el período gótico, es un espacio sereno con columnas esbeltas y arcos apuntados. Los capiteles del claustro están decorados con escenas bíblicas y motivos florales.

Retablos y Altares

Los altares y retablos del monasterio son verdaderas obras maestras del arte renacentista y barroco.

- **Retablo Mayor:** El retablo mayor es una obra de arte barroca, rica en detalles dorados y tallas intrincadas que representan la vida de San Pedro y otros santos. Este retablo es el punto focal de la iglesia monástica y refleja la maestría artística de la época.
- **Altares Laterales:** Los altares laterales también son de gran belleza, con retablos dedicados a diferentes santos y escenas bíblicas. Estos altares muestran una combinación de estilos renacentista y barroco, con una atención meticulosa a los detalles.

El interior del monasterio está decorado con frescos y pinturas que datan de varios períodos, desde el románico hasta el barroco.

- **Frescos Románicos:** Los frescos más antiguos, de estilo románico, representan escenas bíblicas y figuras de santos. Aunque algunos de estos frescos han sufrido daños a lo largo de los siglos, muchos han sido restaurados y conservados.

- **Pinturas Barrocas:** Las pinturas barrocas, más coloridas y detalladas, adornan las paredes y techos del monasterio. Estas obras de arte representan episodios clave de la Biblia y la vida de los santos, y son un testimonio del florecimiento artístico del período barroco.

Vida Monástica y Tradiciones

Regla de San Benito

La vida en el Monasterio de San Pedro de Vilanova seguía la Regla de San Benito, que enfatizaba la oración, el trabajo y la lectura.

- **Ora et Labora:** La máxima benedictina de "ora et labora" (reza y trabaja) guiaba la vida diaria de los monjes. La jornada se dividía entre los oficios divinos, el trabajo manual y el estudio, creando un equilibrio entre la vida espiritual y la labor productiva.
- **Scriptorium:** El scriptorium del monasterio era un lugar donde los monjes copiaban manuscritos y producían libros. Esta labor fue crucial para la preservación del conocimiento y la cultura durante la Edad Media.

Actividades y Economía

El monasterio era autosuficiente y mantenía una economía diversificada basada en la agricultura, la ganadería y el comercio.

- **Agricultura y Ganadería:** Los monjes cultivaban tierras y criaban ganado, produciendo alimentos y otros productos esenciales para la comunidad monástica y la región circundante.

• **Comercio y Artesanía:** Además de la producción agrícola, el monasterio se dedicaba a la artesanía y el comercio, vendiendo productos como vino, miel y textiles.

Leyendas y Tradiciones

Milagros y Apariciones

Como muchos monasterios medievales, San Pedro de Vilanova está asociado con varias leyendas y relatos de milagros.

• **Milagros de San Pedro:** Se cuentan historias de milagros atribuidos a la intercesión de San Pedro, el santo patrón del monasterio. Estos milagros incluyen curaciones y apariciones que reforzaron la fe de los devotos y aumentaron la reputación del monasterio como lugar sagrado.

• **La Aparición del Ángel:** Una de las leyendas más conocidas es la aparición de un ángel a uno de los monjes, guiándolo en tiempos de dificultad y protegiendo al monasterio de peligros inminentes. Este relato ha sido transmitido a lo largo de los siglos y forma parte del folclore local.

Tradiciones Festivas

El monasterio también ha sido el centro de varias festividades religiosas y eventos comunitarios que han dejado una marca duradera en la cultura local.

- **Fiestas de San Pedro:** Las festividades en honor a San Pedro, celebradas el 29 de junio, eran eventos importantes que incluían misas solemnes, procesiones y actividades comunitarias. Estas celebraciones no solo eran momentos de devoción religiosa, sino también de unión comunitaria y celebración cultural.
- **Semana Santa:** La Semana Santa era una ocasión de intensa actividad litúrgica y devoción en el monasterio. Los ritos y ceremonias de la Semana Santa, que incluían procesiones y representaciones de la Pasión de Cristo, atraían a numerosos fieles y peregrinos.

Importancia Contemporánea

Centro Cultural y Turístico

En la actualidad, el Monasterio de San Pedro de Vilanova se ha convertido en un importante centro cultural y turístico, ofreciendo una variedad de actividades y programas que atraen a visitantes de todo el mundo.

- **Visitas Guiadas:** El monasterio organiza visitas guiadas que permiten a los visitantes explorar su rica historia, arquitectura y arte. Estas visitas proporcionan una visión detallada de la vida monástica y la evolución del monasterio a lo largo de los siglos.
- **Exposiciones y Eventos:** El monasterio alberga exposiciones temporales y eventos culturales que destacan diversos aspectos de la historia y la cultura gallega. Estas actividades enriquecen la oferta cultural del monasterio y atraen a un público diverso.

Retiro y Espiritualidad

Aunque ya no alberga una comunidad monástica permanente, el Monasterio de San Pedro de Vilanova sigue siendo un lugar de retiro y meditación.

- **Retiro Espiritual:** El monasterio ofrece programas de retiro espiritual y meditación, proporcionando un espacio tranquilo y sereno para aquellos que buscan una experiencia de reflexión y renovación espiritual.
- **Eventos Religiosos:** El monasterio continúa celebrando eventos religiosos ocasionales, como misas y peregrinaciones, que mantienen viva su herencia espiritual y su conexión con la comunidad religiosa.

Conclusión

El Monasterio de San Pedro de Vilanova es una joya del patrimonio gallego, con una historia rica y multifacética que abarca siglos de devoción religiosa, producción cultural y evolución arquitectónica. Desde su fundación en el siglo XII hasta su restauración y revitalización en la época contemporánea, el monasterio ha desempeñado un papel crucial en la vida espiritual y cultural de la región.

Las leyendas, tradiciones y actividades asociadas con el monasterio reflejan la profunda espiritualidad y la rica herencia cultural de Galicia. A través de su conservación y promoción como centro cultural y turístico, el Monasterio de San Pedro de Vilanova sigue siendo un testimonio vivo de la historia y la identidad gallegas, ofreciendo una experiencia única y enriquecedora a todos los que lo visitan.

Historia de la Iglesia de San Salvador de Dozón

La Iglesia de San Salvador de Dozón es uno de los monumentos más emblemáticos de la localidad de Dozón, situada en la provincia de Pontevedra, Galicia, España. Esta iglesia, con una rica historia que se remonta a la Edad Media, es un ejemplo destacado de la arquitectura románica gallega y ha sido un centro espiritual y comunitario durante siglos. A continuación, exploramos en detalle la historia de la Iglesia de San Salvador de Dozón.

Orígenes y Fundación

Siglo XII: Fundación y Arquitectura Románica

La Iglesia de San Salvador de Dozón fue construida en el siglo XII, en el contexto de la expansión del cristianismo y la consolidación del estilo románico en Galicia. La fundación de la iglesia está ligada a la necesidad de proporcionar lugares de culto adecuados para la creciente población y a la influencia de las órdenes religiosas.

- **Patronazgo y Construcción:** La construcción de la iglesia fue promovida por la nobleza local y la iglesia católica, quienes financiaron su edificación y dotaron al templo de recursos. La arquitectura románica es evidente en sus robustos muros de piedra, arcos de medio punto y una decoración escultórica rica en motivos bíblicos y simbólicos.
- **Elementos Arquitectónicos:** Los elementos más característicos de la iglesia incluyen su nave rectangular, un ábside semicircular y una portada adornada con figuras esculpidas. La sencillez y la solidez de su estructura son típicas del estilo románico, diseñado para durar y resistir el paso del tiempo.

Siglos XIII-XIV: Desarrollo y Ampliaciones

Durante los siglos XIII y XIV, la Iglesia de San Salvador de Dozón experimentó varias modificaciones y ampliaciones que reflejan los cambios en las necesidades litúrgicas y la evolución de los estilos arquitectónicos.

- **Ampliaciones:** Se añadieron nuevas capillas laterales y se expandió la nave principal para acomodar a un mayor número de fieles. Estas modificaciones también introdujeron elementos góticos, como las ventanas ojivales, que permitían una mayor entrada de luz natural.
- **Influencia de las Órdenes Religiosas:** Las órdenes religiosas, especialmente los benedictinos, tuvieron una influencia significativa en la vida y la estructura de la iglesia. Los monjes no solo desempeñaban funciones litúrgicas, sino que también contribuían a la educación y la administración local.

Edad Media: Centro Espiritual y Social

Importancia Espiritual

La Iglesia de San Salvador de Dozón no solo fue un lugar de culto, sino también un importante centro espiritual durante la Edad Media.

- **Vida Monástica:** La iglesia estaba asociada a una comunidad monástica que seguía la regla de San Benito. Los monjes se dedicaban a la oración, el estudio y el trabajo, siguiendo la máxima benedictina de "ora et labora" (reza y trabaja).
- **Peregrinación:** Situada en una ruta secundaria del Camino de Santiago, la iglesia atraía a peregrinos en su camino hacia Santiago de Compostela. Era

un lugar de descanso y oración, y muchos peregrinos dejaban ofrendas en agradecimiento por la hospitalidad recibida.

Rol Social y Cultural

Además de su función religiosa, la Iglesia de San Salvador de Dozón desempeñaba un papel crucial en la vida social y cultural de la comunidad.

- **Educación y Caridad:** Los clérigos de la iglesia eran a menudo los únicos alfabetizados en la comunidad y desempeñaban roles importantes en la educación. La iglesia también organizaba obras de caridad, proporcionando ayuda a los pobres y enfermos.
- **Festividades y Tradiciones:** La iglesia era el centro de numerosas festividades religiosas, como las fiestas de San Salvador, que incluían procesiones, misas solemnes y actividades comunitarias que reforzaban los lazos sociales.

Renacimiento y Barroco: Renovación y Embellecimiento

Siglos XVI-XVII: Renovaciones y Embellecimientos

Durante los períodos renacentista y barroco, la Iglesia de San Salvador de Dozón fue objeto de varias renovaciones y embellecimientos que reflejan las nuevas corrientes artísticas y arquitectónicas.

- **Renovaciones Arquitectónicas:** En el Renacimiento, se realizaron importantes renovaciones que introdujeron elementos decorativos y estructurales renacentistas. En el siglo XVII, el estilo barroco dejó su huella en la iglesia, especialmente en la decoración interior.

- **Altares y Retablos:** Se añadieron nuevos altares y retablos barrocos, ricamente decorados con dorados y tallas intrincadas. El retablo mayor, en particular, es una obra maestra de la escultura barroca, representando escenas de la vida de Cristo y los santos.

Impacto del Concilio de Trento

El Concilio de Trento (1545-1563) y la Contrarreforma tuvieron un impacto significativo en la vida religiosa de Galicia, incluyendo la Iglesia de San Salvador.

- **Reformas Litúrgicas:** Se implementaron cambios en la liturgia para reforzar la ortodoxia católica y combatir las influencias protestantes. La iglesia adoptó estas reformas, asegurando la alineación con las nuevas directrices de la iglesia.
- **Aumento de la Devoción:** Se promovieron nuevas formas de devoción, como las procesiones y la adoración eucarística, que se convirtieron en parte integral de la vida religiosa de la iglesia.

Siglo XVIII-XIX: Declive y Desamortización

Siglo XVIII: Desafíos y Declive

El siglo XVIII presentó numerosos desafíos para la Iglesia de San Salvador de Dozón, incluyendo guerras y cambios políticos que afectaron su estabilidad.

- **Guerras y Conflictos:** La Guerra de Sucesión Española (1701-1714) y otros conflictos europeos afectaron la región, impactando negativamente la economía y la seguridad de la iglesia.

• **Declive Económico:** La disminución de las donaciones y el desgaste de los recursos llevaron a un período de declive económico. El mantenimiento de la iglesia se hizo cada vez más difícil, afectando su infraestructura y operaciones.

Siglo XIX: Desamortización y Consecuencias

La desamortización de Mendizábal en 1836, que buscaba desamortizar las propiedades de la iglesia para modernizar la economía española, tuvo un impacto devastador en la iglesia.

• **Confiscación de Propiedades:** La iglesia perdió gran parte de sus tierras y propiedades, lo que llevó a una drástica reducción de sus ingresos y capacidad de operación.
• **Abandono y Ruina:** La desamortización resultó en el abandono de la iglesia. Muchos de sus edificios cayeron en ruinas, y su rica herencia cultural y artística sufrió un grave deterioro.

Siglo XX-XXI: Restauración y Revitalización

Siglo XX: Proyectos de Restauración

A lo largo del siglo XX, se realizaron esfuerzos significativos para restaurar y preservar la Iglesia de San Salvador de Dozón, reconociendo su valor histórico y cultural.

• **Proyectos de Restauración:** Varias iniciativas públicas y privadas trabajaron para restaurar los edificios de la iglesia, reparar daños estructurales y recuperar elementos artísticos perdidos o dañados.
• **Declaración de Bien de Interés Cultural:** En reconocimiento a su importancia histórica y artística, la

iglesia fue declarada Bien de Interés Cultural, lo que ayudó a asegurar fondos y apoyo para su conservación continua.

Siglo XXI: Revalorización y Uso Contemporáneo

En el siglo XXI, la Iglesia de San Salvador de Dozón ha encontrado un nuevo propósito, equilibrando su herencia histórica con el uso contemporáneo.

• **Centro Cultural y Turístico:** La iglesia se ha convertido en un centro cultural y turístico, ofreciendo visitas guiadas, exposiciones y eventos culturales que atraen a visitantes de todo el mundo.
• **Revivir la Espiritualidad:** Aunque ya no alberga una comunidad monástica permanente, la iglesia sigue siendo un lugar de culto y meditación, acogiendo a grupos espirituales y eventos religiosos ocasionales.

Elementos Arquitectónicos y Artísticos Destacados

Arquitectura Románica

La Iglesia de San Salvador de Dozón es un magnífico ejemplo de la arquitectura románica gallega, caracterizada por sus elementos robustos y sobrios.

• **Fachada Principal:** La fachada principal presenta un portal con un arco de medio punto adornado con motivos geométricos y vegetales. Las puertas de madera son originales y muestran un excelente trabajo de carpintería de la época.
• **Torre Campanario:** La torre del campanario, construida en piedra, es una característica prominente de la iglesia. Las campanas, que datan de varios

períodos, siguen llamando a los fieles a los servicios religiosos.

Interior de la Iglesia

El interior de la iglesia es igualmente impresionante, con una combinación de elementos románicos y adiciones posteriores que enriquecen su valor artístico y espiritual.

- **Nave Principal:** La nave principal está cubierta por una bóveda de cañón, soportada por columnas con capiteles decorados con escenas bíblicas y símbolos cristianos.
- **Retablo Mayor:** El retablo mayor, de estilo barroco, es una obra maestra que domina el altar. Con sus tallas intrincadas y doradas, representa escenas de la vida de Cristo y los santos.

Frescos y Pinturas Murales

Las paredes interiores de la iglesia están adornadas con frescos y pinturas murales que datan de varios períodos.

Frescos Románicos

Algunos frescos originales del período románico aún se conservan, mostrando escenas del Antiguo y Nuevo Testamento.

- **Pinturas Barrocas:** Las adiciones posteriores incluyen pinturas barrocas que representan santos y eventos bíblicos importantes, realizadas con gran detalle y colorido.

Mitología y Tradiciones

La Luz de San Salvador

Una de las leyendas más perdurables asociadas con la Iglesia de San Salvador es la de la "Luz de San Salvador," una luz misteriosa que se dice aparece en el campanario en noches especiales.
Orígenes de la Leyenda

Contexto Histórico

La leyenda de la Luz de San Salvador se remonta a tiempos medievales, en una época en la que Galicia estaba profundamente marcada por la espiritualidad y la superstición. El fervor religioso y las creencias en lo sobrenatural eran comunes, y muchos eventos inexplicables se atribuían a la intervención divina o a fenómenos místicos.

- **Fundación de la Iglesia:** La Iglesia de San Salvador fue construida en el siglo XII, durante el auge del estilo románico en Galicia. Desde su fundación, la iglesia se convirtió en un centro espiritual para la comunidad local y un punto de paso para los peregrinos en el Camino de Santiago.

Primeras Apariciones

La primera mención documentada de la Luz de San Salvador data de finales del siglo XIII. Según los relatos, los habitantes de Dozón y los peregrinos que pasaban por la iglesia comenzaron a reportar la aparición de una luz brillante y misteriosa en el campanario de la iglesia durante ciertas noches del año.

- **Descripción de la Luz:** La luz se describía como una llama brillante y constante, que descendía lentamente desde el campanario y recorría el camino que llevaba a la iglesia. Era visible desde una gran distancia y tenía un resplandor etéreo que la distinguía de cualquier otra fuente de luz natural o artificial.

- **Frecuencia de las Apariciones:** Las apariciones de la luz no seguían un patrón regular, pero eran más comunes durante las festividades religiosas importantes, como la celebración del día de San Salvador y la Semana Santa.

Interpretaciones y Significados

Explicaciones Religiosas

La mayoría de las interpretaciones de la Luz de San Salvador se basan en la fe y la espiritualidad. Los habitantes de Dozón y los peregrinos creían que la luz era una señal de protección divina.

- **Protección Divina:** Se pensaba que la luz era un signo de la presencia y la protección de San Salvador, el santo patrono de la iglesia. Según esta interpretación, la luz aparecía para guiar a los peregrinos perdidos y proteger a los viajeros nocturnos.
- **Intervención Angelical:** Otra interpretación popular era que la luz era producida por un ángel enviado por Dios. Este ángel tenía la misión de velar por la iglesia y su comunidad, asegurando que ningún daño les sobreviniera.

Explicaciones Místicas

Algunos relatos también sugieren explicaciones místicas y esotéricas para la aparición de la luz.

- **Energía Espiritual:** Algunos creían que la luz era una manifestación de la energía espiritual acumulada en la iglesia, un lugar sagrado donde las oraciones y la fe de los fieles habían creado una concentración de energía divina.
- **Almas en Pena:** Otra interpretación mística sugería que la luz era producida por las almas en pena de aquellos que habían fallecido en pecado, buscando redención a través de la aparición de la luz y guiando a los vivos hacia el camino de la salvación.

Relatos y Testimonios

Relatos Históricos

Numerosos relatos históricos documentan las apariciones de la luz y las experiencias de aquellos que la han visto.

- **Relato del Peregrino:** Uno de los relatos más antiguos cuenta la historia de un peregrino que, perdido en una noche de tormenta, vio la luz descendiendo del campanario de la iglesia. La luz lo guió hasta el templo, donde encontró refugio y seguridad. El peregrino atribuyó su salvación a la intervención divina y dejó una ofrenda en agradecimiento.
- **Crónicas Monásticas:** Las crónicas de los monjes que vivían en la iglesia también mencionan la luz. En un registro del siglo XIV, un monje describe cómo la luz apareció durante una noche de oración y cómo todos los presentes la interpretaron como una señal de bendición divina.

Testimonios Modernos

La leyenda de la Luz de San Salvador ha perdurado hasta tiempos modernos, y todavía hay quienes afirman haber visto la luz.

- **Testimonios Contemporáneos:** Algunos habitantes actuales de Dozón y visitantes han reportado avistamientos de la luz, especialmente durante las festividades religiosas. Estos testimonios a menudo describen una experiencia profundamente espiritual y conmovedora.
- **Investigaciones:** A lo largo del siglo XX, la luz ha atraído la atención de investigadores y periodistas, algunos de los cuales han intentado documentar las apariciones. Aunque no se ha encontrado una explicación científica concluyente, los testimonios siguen siendo una parte vital de la tradición local.

Impacto Cultural y Espiritual

Festividades y Celebraciones

La leyenda de la Luz de San Salvador ha influido en las festividades y celebraciones locales.

- **Fiestas de San Salvador:** Durante las fiestas de San Salvador, la comunidad de Dozón organiza procesiones nocturnas en las que los participantes llevan velas, recreando el fenómeno de la luz. Estas procesiones son un tributo a la leyenda y un acto de fe y devoción.
- **Semana Santa:** La Semana Santa es otra ocasión en la que la luz se menciona y se celebra. Los fieles creen que la luz puede aparecer durante las vigilias y procesiones, guiando a los devotos en su camino espiritual.

Influencia en el Arte y la Literatura

La leyenda ha inspirado numerosas obras de arte y literatura a lo largo de los siglos.

- **Pinturas y Esculturas:** Artistas locales han representado la luz en pinturas y esculturas que adornan la iglesia y otros espacios públicos. Estas obras capturan la belleza y el misterio del fenómeno, convirtiéndolo en una parte visible de la cultura local.
- **Poesía y Prosa:** Poetas y escritores han encontrado en la leyenda una fuente rica de inspiración. Los poemas y relatos basados en la luz de San Salvador exploran temas de fe, misterio y la búsqueda de lo divino.

Interpretaciones Científicas y Sobrenaturales

Búsqueda de Explicaciones Científicas

Aunque la mayoría de las interpretaciones de la luz son de naturaleza espiritual o mística, también ha habido intentos de encontrar explicaciones científicas para el fenómeno.

- **Fenómenos Atmosféricos:** Algunos investigadores han sugerido que la luz podría ser un fenómeno atmosférico, como la refracción de la luz de la luna o de las estrellas a través de las nubes y la humedad del aire.
- **Bioluminiscencia:** Otra hipótesis es que la luz podría ser causada por organismos bioluminiscentes presentes en la región, aunque esta explicación no ha sido ampliamente aceptada debido a la falta de evidencia directa.

Persistencia de lo Sobrenatural

A pesar de los intentos de explicación científica, la mayoría de los habitantes de Dozón y los devotos prefieren la interpretación sobrenatural de la luz.

- **Fe y Tradición:** La luz de San Salvador se ha convertido en un símbolo de la fe y la tradición local. Para muchos, representa la presencia continua de lo divino en sus vidas y la protección especial otorgada a su comunidad.
- **Testimonios Vivos:** Los numerosos testimonios de personas que han visto la luz y han sentido su impacto espiritual refuerzan la creencia en su naturaleza sobrenatural. Estas experiencias personales son difíciles de desmentir y forman una parte integral del tejido cultural de Dozón.

Conclusión

La leyenda de la Luz de San Salvador es una rica narrativa que combina elementos de historia, espiritualidad y misterio. Desde sus primeras apariciones documentadas en el siglo XIII hasta los testimonios contemporáneos, la luz ha sido un símbolo de protección divina y un faro de esperanza para los peregrinos y los habitantes de Dozón.

La persistencia de esta leyenda a lo largo de los siglos refleja la profundidad de la fe y la tradición en Galicia. A través de las festividades, el arte y la literatura, la Luz de San Salvador sigue iluminando no solo el camino físico hacia la iglesia, sino también el camino espiritual de aquellos que creen en su poder y significado.

Esta leyenda, como muchas otras en Galicia, muestra cómo las historias y creencias locales pueden perdurar y adaptarse a lo largo del tiempo, manteniendo viva una rica herencia cultural y espiritual.

Tesoro de los Templarios

Otra fascinante leyenda es la del tesoro escondido de los templarios. Esta historia se remonta a la época medieval, cuando la Orden del Temple tenía una fuerte presencia en Galicia.

- **Leyenda:** Se dice que antes de la disolución de la Orden del Temple en el siglo XIV, los caballeros templarios escondieron un gran tesoro en algún lugar cercano a la Iglesia de San Salvador de Dozón. Este tesoro contiene oro, joyas y artefactos sagrados.
- **Búsquedas y Misterios:** A lo largo de los siglos, ha habido numerosas expediciones y búsquedas por parte de aventureros y caza tesoros, pero nadie ha logrado descubrir el legendario tesoro, lo que solo ha aumentado el misterio y la fascinación en torno a esta leyenda.

Importancia Contemporánea

Centro de la Comunidad

Hoy en día, la Iglesia de San Salvador de Dozón sigue siendo un centro vital de la comunidad local. Aunque la práctica religiosa ha cambiado con el tiempo, la iglesia continúa siendo un lugar de culto y un punto de encuentro para eventos comunitarios.

- **Festividades Religiosas:** La iglesia sigue siendo el epicentro de las festividades locales, como las fiestas de San Salvador y la Semana Santa, que atraen tanto a residentes como a visitantes.
- **Eventos Comunitarios:** Además de los servicios religiosos, la iglesia alberga conciertos,

exposiciones y otros eventos culturales que enriquecen la vida comunitaria.

Atracción Turística

La Iglesia de San Salvador de Dozón es también una importante atracción turística, especialmente para aquellos interesados en la historia, la arquitectura y el Camino de Santiago.

- **Turismo Religioso:** Los peregrinos del Camino Sanabrés encuentran en la iglesia un lugar de descanso y reflexión, y muchos se detienen para admirar su arquitectura y aprender sobre su historia.
- **Visitas Guiadas:** Se organizan visitas guiadas que permiten a los turistas explorar la iglesia y conocer en profundidad su historia, arte y significado cultural.

Conclusión

La Iglesia de San Salvador de Dozón es una joya del patrimonio gallego, con una historia rica y multifacética que abarca siglos de devoción religiosa, producción cultural y evolución arquitectónica. Desde su fundación en el siglo XII hasta su restauración y revitalización en la época contemporánea, la iglesia ha desempeñado un papel crucial en la vida espiritual y cultural de la región.

Las leyendas, tradiciones y actividades asociadas con la iglesia reflejan la profunda espiritualidad y la rica herencia cultural de Galicia. A través de su conservación y promoción como centro cultural y turístico, la Iglesia de San Salvador de Dozón sigue siendo un testimonio vivo de la historia y la identidad gallegas, ofreciendo una experiencia única y enriquecedora a todos los que la visitan.

Llegada de los Templarios a Castro Dozón

Establecimiento de la Encomienda

Se cree que los Templarios llegaron a Castro Dozón en el siglo XII, durante el reinado de Alfonso VII de León y Castilla. La ubicación estratégica de la región, en una ruta secundaria del Camino de Santiago, la hacía ideal para el establecimiento de una encomienda templaria.

- **Fundación de la Encomienda:** La encomienda templaria en Castro Dozón fue establecida con la donación de tierras por parte de nobles locales, que buscaban la protección y el prestigio asociados con los Templarios. Estas tierras incluían extensos terrenos agrícolas y bosques.
- **Construcción de Infraestructuras:** Los Templarios construyeron una serie de edificios que incluían una iglesia, un monasterio y fortificaciones defensivas. La iglesia de San Salvador de Dozón fue uno de los centros espirituales más importantes asociados con la orden.

Rol en la Comunidad

Los Templarios desempeñaron un papel multifacético en Castro Dozón, combinando su misión militar con actividades económicas y espirituales.

- **Protección de Peregrinos:** Una de las principales funciones de los Templarios en Castro Dozón era proteger a los peregrinos que viajaban por el Camino de Santiago. La encomienda proporcionaba refugio y seguridad a los viajeros, contribuyendo a la consolidación de la ruta de peregrinación.

• **Desarrollo Agrícola:** Los Templarios introdujeron técnicas agrícolas avanzadas y fomentaron el desarrollo de la agricultura y la ganadería en la región. Sus tierras eran explotadas de manera eficiente, generando ingresos que sostenían sus actividades.

• **Vida Espiritual:** La encomienda templaria también era un centro espiritual. Los Templarios seguían una vida de oración y disciplina, y la iglesia de San Salvador se convirtió en un importante lugar de culto para la comunidad local.

Influencia Cultural y Espiritual

Arquitectura y Arte

La influencia de los Templarios en la arquitectura y el arte de Castro Dozón es notable. Introdujeron elementos de estilo románico y gótico en sus construcciones, dejando un legado arquitectónico que ha perdurado a través de los siglos.

• **Iglesia de San Salvador:** La iglesia de San Salvador de Dozón, asociada con los Templarios, es un ejemplo destacado de la arquitectura románica gallega. La iglesia presenta arcos de medio punto, robustos muros de piedra y decoración escultórica con motivos religiosos y simbólicos.

• **Elementos Decorativos:** Los Templarios eran conocidos por sus conocimientos en simbología y esoterismo. Algunos elementos decorativos en la iglesia y otros edificios de la encomienda incluyen símbolos templarios como la cruz patada, que reflejan la influencia espiritual de la orden.

Leyendas y Mitos

La presencia de los Templarios en Castro Dozón ha dado lugar a numerosas leyendas y mitos que enriquecen el folclore local.

- **El Tesoro de los Templarios:** Una de las leyendas más persistentes es la del tesoro escondido de los Templarios. Se dice que antes de la disolución de la orden, los caballeros templarios escondieron un gran tesoro en algún lugar de Castro Dozón, que incluye oro, joyas y artefactos sagrados. A lo largo de los siglos, muchos han buscado este tesoro, pero nunca ha sido encontrado, lo que solo ha aumentado el misterio y la fascinación.
- **Apariciones y Milagros:** También se cuentan historias de apariciones y milagros asociados con los Templarios. Algunos relatos hablan de caballeros templarios fantasmas que protegen la iglesia y sus tierras, apareciendo en noches de luna llena para vigilar sus antiguas propiedades.

Confiscación de Propiedades: En Castro Dozón, las propiedades de los Templarios fueron confiscadas y pasaron a manos de otras órdenes religiosas y nobles locales. La iglesia de San Salvador y otras infraestructuras templarias fueron absorbidas por estas nuevas administraciones.

- **Persecución y Exilio:** Los caballeros templarios en Galicia enfrentaron persecución, y muchos fueron arrestados, exiliados o ejecutados. Sin embargo, algunos lograron integrarse en otras órdenes o vivir en el anonimato.

Legado y Memoria

A pesar de la disolución de la orden, el legado de los Templarios en Castro Dozón ha perdurado a través de los siglos.

- **Influencias Culturales:** La influencia templaria sigue siendo visible en la arquitectura, el arte y las tradiciones locales. La iglesia de San Salvador y otros edificios templarios permanecen como testigos silenciosos de su presencia.
- **Folclore y Tradición:** Las leyendas y mitos sobre los Templarios han enriquecido el folclore de Castro Dozón. Historias de tesoros escondidos, apariciones fantasmales y milagros siguen siendo contadas, manteniendo viva la memoria de los caballeros templarios en la región.

Detalles Específicos sobre la Presencia Templaria

Estructuras y Fortificaciones

Iglesia de San Salvador

La iglesia de San Salvador de Dozón, que data del siglo XII, es uno de los principales monumentos asociados con los Templarios en Castro Dozón.

Elementos Templarios: Dentro de la iglesia, se pueden encontrar elementos decorativos asociados con los Templarios, como la ***cruz patada*** y otros símbolos esotéricos. Estos elementos reflejan la influencia espiritual y cultural de la orden en la región.

La Cruz Patada: Símbolo de los Templarios

La Cruz Patada, también conocida como Cruz Paté, es uno de los símbolos más reconocibles asociados con la Orden del Temple, una de las órdenes militares más famosas de la Edad Media. Este símbolo no solo es significativo en la historia de los Templarios, sino que también tiene un profundo impacto en la iconografía y el patrimonio cultural de lugares como Castro Dozón, donde la influencia templaria fue notable.

Descripción de la Cruz Patada

Características Visuales

La Cruz Patada o cruz Paté, es una cruz cuyos brazos se ensanchan gradualmente desde el centro hacia los extremos, terminando en una forma que se asemeja a la pata de un animal, de ahí su nombre.

- **Forma:** La cruz tiene cuatro brazos iguales que se ensanchan y se vuelven más anchos en los extremos, creando una apariencia distintiva y robusta.

- **Simetría:** Los brazos de la cruz son simétricos, lo que le confiere una estética equilibrada y armoniosa.
- **Terminación:** Los extremos de los brazos pueden ser rectos o ligeramente curvados hacia afuera, acentuando el ensanchamiento característico.

Variantes

Existen varias variantes de la Cruz Patada, algunas de las cuales incluyen:

- **Cruz Patada Simple:** La versión más básica con los brazos ensanchados y terminados en una forma simple.
- **Cruz Patada Floreada:** Una variante adornada con motivos florales o decorativos en los extremos de los brazos.
- **Cruz Patada Alada:** Incluye elementos que se asemejan a alas o plumas en los brazos de la cruz.

Orígenes y Significado

Orígenes Históricos

La Cruz Patada tiene sus raíces en el simbolismo cristiano y medieval. Se convirtió en uno de los principales emblemas de la Orden del Temple, adoptada por sus miembros como un símbolo de su fe y misión.

- **Adopción por los Templarios:** La Orden del Temple adoptó la Cruz Patada como su emblema oficial en el siglo XII. Los caballeros templarios la llevaban en sus túnicas blancas y escudos, simbolizando su devoción y compromiso con la protección de los peregrinos y la defensa de la Tierra Santa.
- **Influencia Bizantina:** Algunos estudiosos sugieren que la Cruz Patada puede haber sido influenciada por la iconografía bizantina, que utilizaba cruces similares en su arte y arquitectura.

Significado Espiritual

La Cruz Patada tiene varios significados espirituales y simbólicos que reflejan los valores y la misión de los Templarios.

- **Fe y Sacrificio:** La cruz es un símbolo universal del cristianismo, representando la crucifixión de Jesucristo y el sacrificio por la humanidad. Para los Templarios, la Cruz Patada simbolizaba su disposición a sacrificarse por la fe cristiana.
- **Protección y Poder:** La forma robusta y ensanchada de la Cruz Patada también se interpretaba como un símbolo de protección y poder, adecuado para una orden militar dedicada a la defensa de los cristianos y sus lugares sagrados.

Comercio y Administración

La encomienda templaria en Castro Dozón no solo se dedicaba a la agricultura y la ganadería, sino que también participaba activamente en el comercio y la administración local.

- **Mercados y Ferias:** Los Templarios organizaban mercados y ferias donde vendían sus productos agrícolas y artesanales. Estos eventos eran importantes para la economía local y atraían a comerciantes y compradores de la región.
- **Administración y Justicia:** Los Templarios ejercían funciones administrativas y judiciales, gestionando las tierras y resolviendo disputas entre los habitantes. Su presencia contribuyó a la estabilidad y el desarrollo de la comunidad.

Dozón

Introducción

Dozón, un municipio gallego en la provincia de Pontevedra, ha sido testigo de una rica y variada historia que se remonta a tiempos prehistóricos. Este documento ofrece una visión profunda de su evolución histórica, su patrimonio monumental, las tradiciones orales que han perdurado a lo largo del tiempo y las festividades que celebran su identidad. Exploraremos desde los primeros asentamientos hasta la Dozón contemporánea, destacando monumentos significativos y las leyendas que han enriquecido su folklore.

Historia de Dozón

Prehistoria y Antigüedad

Primeros Pobladores

La presencia humana en Dozón se remonta a la Edad de Bronce, como lo evidencian los numerosos túmulos funerarios (mámoas) y los castros (asentamientos fortificados). Estas estructuras indican una sociedad organizada con prácticas funerarias y defensivas avanzadas.

- **Mámoas**: Las mámoas son tumbas megalíticas construidas con grandes piedras y cubiertas por tierra, formando montículos. En Dozón, se han encontrado varias de estas estructuras, que datan de la Edad de Bronce (2000-800 a.C.). Estas mámoas indican la existencia de comunidades que practicaban rituales funerarios complejos y tenían creencias espirituales profundas. La mámoa de San Pedro es una de las más destacadas en la región.

- **Castros**: Los castros, asentamientos fortificados situados en colinas, eran comunes en Galicia durante la Edad de Hierro (800 a.C. - 100 d.C.). En Dozón, el Castro de San Salvador es un ejemplo notable. Estos castros eran centros de vida comunitaria, donde las familias vivían en casas circulares de piedra y defendían sus territorios de posibles invasores.

La Influencia Romana

La llegada de los romanos a Galicia trajo cambios significativos en la vida de los habitantes de Dozón. La romanización de la región se refleja en la construcción de infraestructuras como calzadas y puentes, que mejoraron la comunicación y el comercio.

- **Romanización**: La integración de Dozón en el Imperio Romano comenzó alrededor del siglo I a.C. La construcción de calzadas, como la Vía XIX que conectaba Bracara Augusta (Braga) con Asturica Augusta (Astorga), facilitó el movimiento de tropas, mercancías y personas.

- **Restos Arqueológicos Romanos**: Entre los vestigios romanos encontrados en Dozón se incluyen fragmentos de cerámica, monedas y estructuras arquitectónicas. Estos restos evidencian la presencia de asentamientos romanos y la adaptación de la población local a la cultura romana.

- **Transición Cultural**: La romanización implicó la adopción de costumbres, idioma y religión romanos. La población local comenzó a practicar el latín y a adoptar el cristianismo, que eventualmente se convirtió en la religión dominante.

Edad Media

Consolidación del Territorio

Durante la Edad Media, Dozón comenzó a aparecer en documentos históricos, indicando su creciente importancia en la región. La influencia de los monasterios y la estructura feudal marcaron esta era.

- **Primeras Menciones Documentales**: Las primeras referencias a Dozón en documentos medievales datan del siglo IX. Estos documentos, a menudo relacionados con donaciones y transacciones de tierras, proporcionan información valiosa sobre la organización social y económica de la época.

- **Monasterios y Abadías**: El monasterio de San Pedro de Vilanova, fundado en el siglo XII, fue un centro de poder religioso y económico. Los monjes desempeñaron un papel crucial en la gestión de tierras y en la introducción de nuevas técnicas agrícolas.

- **Feudalismo**: La estructura feudal dominó la organización social de Dozón durante la Edad Media. Los señores feudales controlaban grandes extensiones de tierra y los campesinos trabajaban bajo su protección a cambio de una parte de la cosecha.

Religión y Sociedad

La religión desempeñó un papel central en la vida de los habitantes de Dozón, con la construcción de iglesias y monasterios que también funcionaban como centros comunitarios.

- **Iglesias Románicas**: La iglesia de Santa María de Dozón, construida en el siglo XII, es un ejemplo notable de arquitectura románica. Caracterizada por sus arcos de medio punto y decoración escultórica, esta iglesia no solo era un lugar de culto, sino también un refugio espiritual para la comunidad.

- **Influencia Monástica**: Los monasterios no solo eran centros religiosos, sino también económicos y educativos.

Los monjes se dedicaban a la copia de manuscritos, la enseñanza y la gestión de granjas y talleres.

Edad Moderna

Reformas y Cambios Económicos

La Edad Moderna trajo cambios significativos en la agricultura y la economía de Dozón, impulsados por la desamortización de bienes eclesiásticos y la adopción de nuevas técnicas agrícolas.

- **Transformaciones Agrarias**: La introducción de nuevos cultivos y técnicas agrícolas, como el barbecho y la rotación de cultivos, mejoró la productividad. La patata y el maíz, traídos de América, se convirtieron en alimentos básicos.

- **Desamortización de Bienes Eclesiásticos**: En el siglo XIX, la desamortización de bienes eclesiásticos redistribuyó las tierras de los monasterios entre particulares. Esto redujo el poder de la Iglesia y permitió el surgimiento de una clase media rural.

- **Desarrollo de Nuevas Técnicas Agrícolas**: La adopción de nuevas herramientas, como el arado de vertedera y el molino de viento, aumentó la eficiencia agrícola. Estos avances permitieron a los agricultores mejorar sus rendimientos y contribuir al   crecimiento económico.

Estructura Social y Demográfica

La estructura social de Dozón se transformó durante la Edad Moderna, con cambios en la composición social y movimientos migratorios que afectaron a la demografía local.

- **Composición Social**: La sociedad de Dozón estaba formada por terratenientes, campesinos y una creciente clase media rural. Las diferencias de clase eran evidentes en la posesión de tierras y bienes.

- **Movimientos Migratorios**: Durante el siglo XIX, muchos habitantes de Dozón emigraron a América en busca de mejores oportunidades económicas. Este fenómeno tuvo un impacto significativo en la demografía y la economía local, aliviando la presión sobre las tierras agrícolas y fomentando el envío de remesas.

Edad Contemporánea

Siglo XIX y XX

La Edad Contemporánea en Dozón estuvo marcada por cambios políticos y sociales, así como por el impacto de las guerras y el desarrollo económico.

- **Evolución Política y Social**: La implantación del liberalismo y la formación del estado moderno trajeron cambios en la estructura política de Dozón. La abolición del régimen feudal y la creación de ayuntamientos modernos transformaron la administración local.

- **Impacto de las Guerras**: La Guerra Civil Española (1936-1939) tuvo un impacto significativo en Dozón. Como en muchas partes de España, la comunidad se dividió, y las secuelas de la guerra afectaron la economía y la sociedad durante décadas.

- **Desarrollo Económico**: La segunda mitad del siglo XX vio una modernización de la economía de Dozón, con la

introducción de maquinaria agrícola y la mejora de infraestructuras como carreteras y electricidad. La agricultura siguió siendo la base de la economía, pero también se desarrollaron pequeñas industrias y servicios.

Actualidad

Hoy en día, Dozón es un municipio que combina su rica historia con la modernidad, enfrentando desafíos y aprovechando oportunidades para el desarrollo sostenible.

- **Situación Actual**: Dozón mantiene una economía basada en la agricultura, pero ha diversificado sus actividades económicas hacia el turismo rural y los servicios. La población, aunque reducida, sigue siendo activa y comprometida con la preservación de su patrimonio cultural.

- **Desafíos y Oportunidades**: Los principales desafíos incluyen la despoblación y la necesidad de modernizar las infraestructuras. Sin embargo, Dozón también tiene oportunidades en el turismo rural y la valorización de su patrimonio histórico y natural.

Monumentos y su Historia

Iglesias y Edificios Religiosos

Iglesia de Santa María de Dozón

- Historia y Construcción**: La iglesia de Santa María de Dozón, construida en el siglo XII, es un ejemplo notable de la arquitectura románica gallega. La iglesia fue ampliada y modificada en los siglos posteriores, adaptándose a las necesidades de la comunidad.

- Características Arquitectónicas**: La iglesia destaca por sus arcos de medio punto, capiteles decorados con motivos vegetales y figuras humanas, y un ábside semicircular. La fachada principal presenta una portada con arquivoltas y una ventana ajimezada (del árabe ajimez).

- **Importancia Cultural y Religiosa**: Esta iglesia ha sido un centro de culto y reunión para la comunidad local durante siglos. Además de su función religiosa, ha sido escenario de importantes eventos sociales y culturales.

Monasterio de San Pedro de Vilanova

- **Historia del Monasterio**: Fundado en el siglo XII, el monasterio de San Pedro de Vilanova fue un importante centro de poder religioso y económico. Los monjes benedictinos que lo habitaban jugaban un papel crucial en la gestión de tierras y la vida espiritual de la región.

- **Ruinas Actuales**: Aunque el monasterio

El Espíritu del Bosque de Dozón

Descripción del Mito

En los frondosos bosques de Dozón, se dice que habita una entidad mágica conocida como el Espíritu del Bosque. Este ser sobrenatural es considerado el guardián y protector de la naturaleza en la región. La leyenda del Espíritu del Bosque ha sido transmitida de generación en generación, manteniendo viva la fascinación y el respeto por los bosques locales.

Origen del Mito

El mito del Espíritu del Bosque de Dozón tiene sus raíces en la antigua mitología celta, que es rica en relatos de seres mágicos y sobrenaturales que protegen la naturaleza. En Galicia, estos mitos reflejan la profunda conexión y reverencia de los habitantes hacia su entorno natural. En el caso de Dozón, el Espíritu del Bosque se ha convertido en una figura central en las historias locales, simbolizando la armonía entre los humanos y la naturaleza.

Evolución de la Leyenda

La leyenda ha evolucionado a lo largo del tiempo, adaptándose a los cambios culturales y sociales de la región. En sus inicios, el Espíritu del Bosque era venerado como un dios de la naturaleza, con rituales y ofrendas para asegurar buenas cosechas y protección. Con la llegada del cristianismo, la figura del espíritu se sincretizó con santos locales y protectores, pero siempre manteniendo su esencia de guardián de la naturaleza.

Características del Espíritu del Bosque

1. **Apariencia**: El Espíritu del Bosque es descrito como una figura humana que emite una luz suave y resplandeciente. Puede aparecer de diferentes formas:
    - **Anciano Sabio**: Un hombre mayor con una larga barba blanca y ojos brillantes, vestido con ropas verdes hechas de hojas y musgo.
    - **Joven Guerrero**: Un joven alto y robusto, con cabello largo y una armadura hecha de corteza de árbol.
    - **Mujer Hermosa**: Una mujer etérea y luminosa, con cabellos largos y dorados, vestida con túnicas que parecen estar hechas de la luz del amanecer.

2. **Poderes y Habilidades**:
    - **Comunicación con la Naturaleza**: Puede hablar con los animales y las plantas, entendiendo sus necesidades y deseos.
    - **Influencia sobre la Naturaleza**: Puede hacer crecer la vegetación más rápidamente, curar plantas enfermas y controlar el clima local.
    - **Poderes Curativos**: Capaz de sanar heridas y enfermedades tanto en humanos como en animales. Se dice que su toque tiene propiedades milagrosas.

- **Protección**: Actúa como un guardián, castigando a

quienes dañan el bosque y recompensando a aquellos que lo cuidan.

3. **Símbolos y Representaciones**:
	- **Árboles y Plantas**: El roble es especialmente sagrado para el Espíritu del Bosque, siendo símbolo de fuerza y protección.
	- **Animales**: A menudo está acompañado por animales del bosque, como ciervos, lobos y aves, que actúan como sus mensajeros y protectores.

- **Elementos Naturales**: Representado con elementos como hojas, flores y cristales que simbolizan la pureza y el poder de la naturaleza.

Historias y Testimonios

Encuentros Legendarios

A lo largo de los años, muchos habitantes de Dozón han afirmado haber tenido encuentros con el Espíritu del Bosque. Estas historias, aunque variadas, comparten elementos comunes que refuerzan la leyenda.

1. **El Leñador Arrepentido**:
   - **Historia**: Un leñador llamado Ramón decidió talar un viejo roble en el corazón del bosque, ignorando las advertencias de los ancianos del pueblo. Al caer la noche, mientras recogía su leña, apareció ante él un anciano sabio envuelto en luz. El Espíritu del Bosque le reprochó su acción, advirtiéndole que el árbol era hogar de muchos seres del bosque y una fuente de vida.
   - **Consecuencia**: Aterrorizado, Ramón prometió no dañar más árboles sin necesidad. Desde entonces, se convirtió en un protector del bosque, plantando nuevos árboles y enseñando a otros sobre la importancia de cuidar la naturaleza.

2. **La Curación Milagrosa**:
   - **Historia**: Una joven llamada Teresa se perdió en el bosque mientras recogía hierbas medicinales. Durante una tormenta, resbaló y se lesionó gravemente la pierna. Desesperada, rezó pidiendo ayuda. De repente, apareció una figura luminosa con la forma de una mujer hermosa. El Espíritu del Bosque curó sus heridas con solo tocarla y la guió hasta un claro seguro.

- **Consecuencia**: Teresa regresó a su hogar sana y salva, y en agradecimiento, cada año planta un árbol en el bosque y organiza una celebración en honor al Espíritu del Bosque, contando su historia a las nuevas generaciones.

3. **El Pastor y los Lobos**:
   - **Historia**: Un pastor llamado Miguel pastoreaba sus ovejas cerca del bosque cuando una manada de lobos apareció, amenazando a su rebaño. En su desesperación, Miguel invocó al Espíritu del Bosque. Un joven guerrero apareció y, con un gesto, dispersó a los lobos.
   - **Consecuencia**: Miguel, en agradecimiento, plantó árboles en una parte del bosque donde antes había un claro, creando un pequeño santuario en honor al Espíritu del Bosque.

Relatos Modernos

Incluso en tiempos modernos, el mito del Espíritu del Bosque sigue vivo en Dozón. Algunos habitantes creen que han visto luces misteriosas en el bosque o han sentido una presencia protectora mientras caminaban entre los árboles.

1. **Luces Misteriosas**:
   - **Testimonios**: Varias personas han reportado haber visto luces parpadeantes en el bosque durante la noche, especialmente en noches claras y sin luna. Estas luces, que no pueden ser explicadas por fuentes naturales conocidas, se atribuyen al Espíritu del Bosque.
   - **Análisis**: Los estudiosos del folklore local interpretan estas luces como manifestaciones del espíritu, indicando su presencia y vigilancia constante sobre el bosque.

2. **Sensación de Protección**:

- **Testimonios**: Excursionistas y amantes de la naturaleza han descrito una sensación de paz y protección mientras recorren los senderos del bosque de Dozón. Algunos afirman haber sentido una presencia amistosa, especialmente en momentos de peligro o cuando se perdieron.

- **Relatos Específicos**: Un grupo de niños que se perdió durante una excursión escolar fue encontrado sano y salvo al día siguiente. Los niños afirmaron que una figura luminosa los guió hasta un lugar seguro donde pasaron la noche.

Significado Cultural

El Espíritu del Bosque de Dozón no solo es un personaje de leyenda, sino que también representa la profunda conexión de los habitantes con su entorno natural. Este mito refuerza valores de respeto y conservación de la naturaleza, enseñando a las generaciones futuras la importancia de vivir en armonía con el medio ambiente.

1. **Educación y Conservación**:
- **Programas Educativos**: Las historias del Espíritu del Bosque se utilizan a menudo en programas educativos para niños, enseñándoles la importancia de cuidar los bosques y respetar la vida silvestre. Se organizan actividades como la plantación de árboles y la limpieza de áreas naturales en honor al espíritu.
- **Proyectos Escolares**: Los proyectos escolares incluyen la creación de cuentos, dibujos y representaciones teatrales basadas en la leyenda del Espíritu del Bosque, fomentando la creatividad y el respeto por la naturaleza.

2. **Ofrendas y Rituales**:

- **Tradiciones**: En algunos eventos y festividades locales, los habitantes de Dozón realizan ofrendas simbólicas al Espíritu del Bosque, como plantar árboles o limpiar áreas naturales, en honor a esta figura protectora. Estas ofrendas suelen incluir flores, frutas y pequeños objetos hechos a mano.

- **Rituales Anuales**: Cada primavera, se celebra un festival en el que los residentes de Dozón realizan una caminata hasta el corazón del bosque, donde depositan sus ofrendas y realizan una ceremonia en agradecimiento al espíritu por proteger el bosque y asegurar la fertilidad de la tierra.

3. **Turismo y Cultura**:

- **Atracción Turística**: El mito del Espíritu del Bosque también atrae a turistas interesados en la cultura y el folklore gallego. Las rutas de senderismo y las visitas guiadas a los bosques incluyen relatos sobre este espíritu, enriqueciendo la experiencia de los visitantes. Se han creado senderos temáticos que narran las leyendas y muestran los lugares donde se dice que ocurrieron los encuentros con el espíritu.

- **Festivales y Eventos**: Los festivales locales incluyen representaciones teatrales y actividades basadas en la leyenda del Espíritu del Bosque. Estos eventos no solo promueven el turismo, sino que también fortalecen la identidad cultural de la comunidad.

Conclusión

El Espíritu del Bosque de Dozón es una figura central en la mitología local, representando la armonía y el respeto hacia la naturaleza que han caracterizado a los habitantes de esta región a lo largo de los siglos. Las historias y leyendas sobre este espíritu no solo son relatos fascinantes, sino también herramientas valiosas para la educación ambiental y la promoción de valores

Capítulo 4

Lalín a Silleda

Historia de Lalín

Orígenes y Época Romana

Lalín, situado en el corazón de Galicia, tiene una historia que se remonta a tiempos prehistóricos. Se han encontrado restos arqueológicos que indican la presencia humana en la región desde la Edad de Bronce. Los petroglifos y túmulos funerarios esparcidos por la zona son testigos de estas primeras comunidades.

Con la llegada de los romanos, Lalín comenzó a adquirir una mayor importancia debido a su ubicación estratégica en la ruta que conectaba las ciudades romanas de Lucus Augusta (Lugo) y Bracara Augusta (Braga). Esta calzada romana facilitó el comercio y el movimiento de tropas, contribuyendo al desarrollo de la región. Entre los hallazgos romanos se incluyen monedas, fragmentos de cerámica y herramientas, que demuestran una actividad económica y social significativa.

Edad Media

Durante la Edad Media, Lalín formaba parte del Condado de Deza, una entidad feudal que abarcaba una gran extensión de territorio en la Galicia central. El condado fue fundado en el siglo IX y jugó un papel crucial en la defensa de la región contra las incursiones vikingas y musulmanas.

El nombre "Lalín" aparece por primera vez en documentos del siglo XI, en los que se mencionan diversas donaciones de tierras y propiedades a la iglesia y a nobles locales. Este período estuvo marcado por la construcción de castillos y fortificaciones, muchas de las cuales sirvieron como centros administrativos y militares.

Entre las estructuras más notables de esta época se encuentra el castillo de Doade, cuyos restos aún pueden observarse. Este castillo fue un baluarte defensivo crucial durante las contiendas feudales y jugó un papel destacado en las guerras contra el Reino de León.

Edad Moderna

A partir del siglo XVI, Lalín experimentó un crecimiento económico y demográfico significativo. La agricultura, especialmente la producción de cereales y vino, así como la ganadería, se convirtieron en las principales actividades económicas. La feria anual de Lalín, que comenzó a celebrarse en esta época, atrajo a comerciantes y agricultores de toda la región, consolidando la importancia de la localidad como centro de intercambio comercial.

La construcción de pazos, o casas señoriales, fue un fenómeno característico de este período. Estas mansiones, pertenecientes a la nobleza local, reflejan la riqueza y el poder de las familias que controlaban las tierras y la producción agrícola. El Pazo de Liñares es uno de los ejemplos más destacados, con su arquitectura típica gallega y sus amplios jardines.

Siglo XIX y XX

El siglo XIX trajo consigo importantes transformaciones. La Guerra de Independencia contra Napoleón (1808-1814) afectó a la región, aunque Lalín se mantuvo relativamente estable en comparación con otras áreas de España. Durante este período, se produjeron cambios significativos en la estructura agraria, con la desamortización de bienes eclesiásticos y comunales que permitió la venta y redistribución de tierras.

En el siglo XX, Lalín experimentó una modernización acelerada. La mejora de las comunicaciones, con la construcción de nuevas carreteras y la llegada del ferrocarril, impulsó el desarrollo económico. La industrialización, aunque más limitada en comparación con otras regiones de España, también tuvo un impacto, especialmente en sectores como la transformación de productos agrícolas y la producción de muebles.

El crecimiento demográfico y la urbanización transformaron Lalín en un importante centro comercial y de servicios. La educación y la sanidad mejoraron considerablemente, con la construcción de nuevas escuelas y hospitales. En la década de 1960, Lalín se consolidó como una de las localidades más dinámicas de Galicia, gracias en parte a la emigración de muchos de sus habitantes a América y Europa, quienes enviaban remesas que ayudaron a financiar proyectos locales.

Monumentos de Lalín

Pazo de Liñares

El Pazo de Liñares es una joya de la arquitectura civil gallega, construido en el siglo XVII. Este pazo fue residencia de la familia Taboada, una de las más influyentes de la región. La estructura del pazo refleja la típica construcción gallega de la época, con muros de piedra granítica y tejados de pizarra. El pazo se organiza alrededor de un patio central, con diversas estancias distribuidas en dos plantas.

El pazo ha sido restaurado recientemente y alberga el Centro de Gestión del Conocimiento Arqueológico. Este centro se dedica a la investigación y divulgación del patrimonio arqueológico de Galicia, con exposiciones permanentes y temporales que muestran hallazgos de la región, incluyendo objetos romanos y medievales.

Iglesia de Santa María de Lalín de Arriba

La Iglesia de Santa María de Lalín de Arriba es una magnífica muestra del arte románico gallego. Construida en el siglo XII, ha sido objeto de varias reformas y ampliaciones a lo largo de los siglos. La iglesia presenta una planta de cruz latina, con una nave central y dos laterales.

La fachada principal destaca por su portada esculpida, con motivos vegetales y animales que son característicos del románico gallego. En el interior, se pueden apreciar varios retablos barrocos y una pila bautismal de época medieval. La iglesia es un lugar de peregrinación para los devotos de la Virgen María y es sede de diversas festividades religiosas a lo largo del año.

Monasterio de Carboeiro

El Monasterio de Carboeiro, aunque no se encuentra dentro del municipio de Lalín, es un monumento de gran relevancia para la región. Fundado en el siglo X por los condes de Deza, el monasterio es una de las joyas del arte románico en Galicia. Su ubicación, en un paraje natural rodeado de bosques y el río Deza, añade un encanto especial al lugar.

El monasterio cuenta con una iglesia de tres naves y una impresionante fachada con un rosetón central. En su interior, se pueden observar frescos y capiteles esculpidos con escenas bíblicas y motivos ornamentales. El monasterio fue abandonado en el siglo XVI y ha sido objeto de varias restauraciones en los últimos años.

Museo Municipal Ramón Aller

El Museo Municipal Ramón Aller está dedicado a la figura del astrónomo y matemático Ramón María Aller Ulloa, nacido en Lalín en 1878. Este científico es conocido por sus trabajos en astronomía y por haber sido el primer director del Observatorio Astronómico de Santiago de Compostela.

El museo, ubicado en la casa natal de Aller, alberga una colección de instrumentos científicos, documentos y objetos personales del astrónomo. Entre los objetos más destacados se encuentra un telescopio de mediados del siglo XX y diversos manuscritos con observaciones astronómicas. El museo también organiza actividades educativas y divulgativas para fomentar el interés por la ciencia entre los jóvenes.

Mitos y Leyendas de Lalín

La Leyenda de la Fonte da Muda

La Fonte da Muda es una fuente situada en el monte Farelo, a las afueras de Lalín. Según la leyenda, esta fuente tiene poderes curativos y puede devolver la voz a las personas que la han perdido. La historia cuenta que una joven muda, desesperada por recuperar su voz, se dirigió a la fuente siguiendo el consejo de una anciana sabia del pueblo. Al beber de sus aguas, la joven recuperó milagrosamente su capacidad de hablar.

Desde entonces, la fuente ha sido un lugar de peregrinación para aquellos que buscan curación para problemas de habla. La leyenda se ha transmitido de generación en generación y sigue viva en la memoria colectiva de los habitantes de Lalín.

La Leyenda del Castro de Doade

El castro de Doade es un antiguo asentamiento prerromano situado en la parroquia de Doade. Este castro, como muchos otros en Galicia, está envuelto en un aura de misterio y leyendas. Se dice que en sus cercanías habitan mouras, seres míticos que custodian tesoros ocultos en el interior del castro.

Las mouras son descritas como doncellas de gran belleza, con largos cabellos dorados y vestidas con túnicas blancas. Según la leyenda, estas criaturas aparecen en la noche de San Juan, ofreciendo riquezas a aquellos que logren deshacer sus encantamientos. Sin embargo, los relatos también advierten sobre los peligros de intentar obtener los tesoros de las mouras, ya que aquellos que lo intentan sin éxito pueden quedar atrapados en el encantamiento para siempre.

La Leyenda del Monte Coco

El Monte Coco es una elevación montañosa que se encuentra en los alrededores de Lalín. Según la tradición local, este monte está habitado por seres sobrenaturales que protegen el lugar. Los pastores y campesinos cuentan historias de luces extrañas y sonidos inexplicables que se perciben en las noches de invierno.

Una de las leyendas más conocidas es la del espíritu de un antiguo guerrero celta que, según se dice, vaga por el monte buscando venganza contra aquellos que osan perturbar su descanso. Esta historia ha sido transmitida oralmente durante siglos y forma parte del rico folklore de la región.

Celebraciones y Tradiciones

Feira do Cocido

Lalín es mundialmente conocido por su Feira do Cocido, una celebración gastronómica que tiene lugar cada año en febrero. Este evento es un homenaje al cocido gallego, un plato tradicional que se elabora con carne de cerdo, chorizo, garbanzos, patatas, repollo y otros ingredientes locales.

La feria atrae a miles de visitantes de toda Galicia y más allá, que acuden a Lalín para degustar este manjar y disfrutar de las diversas actividades organizadas en torno al evento. Durante la feria, se celebran concursos de cocina, desfiles, conciertos y mercados tradicionales. La Feira do Cocido ha sido declarada Fiesta de Interés Turístico Nacional y es uno de los eventos más importantes del calendario festivo gallego.

Romería de San Ramón

La Romería de San Ramón es otra de las celebraciones destacadas de Lalín. Tiene lugar el 31 de agosto en la capilla de San Ramón de Gresande. Los vecinos se reúnen para celebrar una misa en honor a San Ramón y participar en diversas actividades festivas y culturales.

La romería incluye una procesión con la imagen del santo, seguida de una comida campestre en la que los asistentes comparten alimentos y bebidas. La jornada se completa con bailes tradicionales, juegos populares y actuaciones musicales. La Romería de San Ramón es una ocasión para reforzar los lazos comunitarios y mantener vivas las tradiciones locales.

Patrimonio Natural

Fraga de Catasós

La Fraga de Catasós es un espacio natural protegido que alberga algunos de los robles y castaños más altos de Europa. Este bosque es un lugar de gran belleza y biodiversidad, ideal para realizar rutas de senderismo y disfrutar de la naturaleza. La fraga es especialmente conocida por sus árboles monumentales, algunos de los cuales tienen más de 30 metros de altura y varios siglos de antigüedad.

Fraga de Catasós

La Fraga de Catasós es un refugio para diversas especies de flora y fauna, incluyendo aves rapaces, mamíferos y plantas endémicas. El bosque es gestionado de manera sostenible para preservar su riqueza natural y fomentar el ecoturismo.

Río Arnego

El río Arnego atraviesa el municipio de Lalín y ofrece un entorno natural ideal para la pesca y otras actividades al aire libre. Sus riberas son un refugio para diversas especies de flora y fauna. A lo largo del río, se pueden encontrar molinos de agua y puentes de piedra que añaden un encanto especial al paisaje.

El río Arnego es también un lugar popular para el senderismo y las excursiones en bicicleta, con varias rutas señalizadas que permiten explorar sus alrededores. La calidad de sus aguas y la belleza de sus paisajes hacen del río Arnego un destino muy apreciado por los amantes de la naturaleza.

Conclusión

Lalín es un municipio con una rica historia y un vasto patrimonio cultural y natural. Sus monumentos, leyendas y tradiciones reflejan la identidad de una comunidad que ha sabido preservar su legado a lo largo de los siglos. Las celebraciones y la gastronomía local añaden un atractivo adicional para quienes desean conocer y disfrutar de este rincón de Galicia.

Desde sus orígenes en la época romana hasta su desarrollo en la Edad Moderna y su modernización en el siglo XX, Lalín ha sido testigo de importantes transformaciones que han moldeado su carácter y su paisaje. Los monumentos históricos, como el Pazo de Liñares y la Iglesia de Santa María de Lalín de Arriba, ofrecen una ventana al pasado, mientras que las leyendas y mitos mantienen viva la tradición oral y el folklore de la región.

Las celebraciones como la Feira do Cocido y la Romería de San Ramón son momentos clave en el calendario festivo, que atraen a visitantes y refuerzan la identidad comunitaria. El patrimonio natural, con lugares emblemáticos como la Fraga de Catasós y el río Arnego, proporciona un entorno ideal para el disfrute de la naturaleza y la práctica de actividades al aire libre.

En resumen, Lalín es un lugar donde la historia, la cultura y la naturaleza se entrelazan para ofrecer una experiencia rica y variada. La preservación de su patrimonio y la promoción de sus tradiciones aseguran que Lalín seguirá siendo un destino atractivo para las generaciones futuras, invitando a todos a descubrir y apreciar su singular belleza y riqueza cultural.

Capítulo 5

Silleda a Ponte Ulla

Silleda

Historia de Silleda

Silleda es un municipio situado en la comarca de Deza, en la provincia de Pontevedra, en Galicia, España. La historia de Silleda es rica y diversa, marcada por su ubicación estratégica en el interior de Galicia, su desarrollo agrario e industrial, y su patrimonio cultural y natural. A continuación, se presenta un relato detallado de la historia de Silleda, sus monumentos, mitos y leyendas.

Orígenes y Época Romana

La historia de Silleda se remonta a tiempos prehistóricos, como lo demuestran diversos hallazgos arqueológicos en la región. La presencia de castros, que son asentamientos fortificados de la Edad del Hierro, indica que esta área estuvo habitada mucho antes de la llegada de los romanos. Estos castros son evidencia de una comunidad próspera y bien organizada que ocupaba estas tierras.

Con la llegada de los romanos en el siglo I a.C., Silleda se integró en el Imperio Romano. La región se benefició de la infraestructura romana, incluida la construcción de vías y puentes que mejoraron la comunicación y el comercio. Las excavaciones arqueológicas han revelado restos de cerámica, monedas y otros objetos que indican una presencia romana significativa.

Edad Media

Durante la Edad Media, Silleda formaba parte del Condado de Deza, una demarcación feudal que tuvo gran importancia en Galicia. Este período estuvo marcado por la construcción de iglesias y monasterios, que no solo servían como lugares de culto, sino también como centros de poder y economía.

Uno de los aspectos más destacados de esta época fue la fundación de monasterios, como el Monasterio de Carboeiro, establecido en el siglo X por los condes de Deza. Este monasterio jugó un papel crucial en el desarrollo de la región, tanto desde el punto de vista espiritual como económico. La iglesia románica de San Pedro de Ansemil, con su notable arquitectura y arte, es otro testimonio del rico patrimonio medieval de Silleda.

Edad Moderna

A partir del siglo XVI, Silleda experimentó una serie de cambios significativos. La agricultura y la ganadería continuaron siendo las principales actividades económicas, pero la región también comenzó a diversificarse. La producción de vino y la explotación forestal ganaron importancia, contribuyendo al crecimiento económico de la zona.

La construcción de pazos, o casas señoriales, se convirtió en un fenómeno común en esta época. Estas grandes casas de campo, propiedad de familias nobles, reflejan la riqueza y el poder de sus propietarios. El Pazo de Trasfontao es uno de los ejemplos más notables, con su impresionante arquitectura y jardines.

Siglo XIX y XX

El siglo XIX trajo consigo la industrialización y la modernización de Silleda. La construcción de nuevas infraestructuras, como carreteras y ferrocarriles, facilitó el comercio y la comunicación con otras regiones de Galicia y España. La introducción de nuevas técnicas agrícolas y la mejora de los sistemas de riego aumentaron la productividad y la eficiencia de las explotaciones agrícolas.

El siglo XX fue testigo de un crecimiento significativo en Silleda. La mejora de los servicios públicos, como la educación y la salud, junto con la modernización de la agricultura, contribuyeron al bienestar de la población. La Feria Internacional Semana Verde de Galicia, iniciada en 1978, se convirtió en un evento crucial para la economía local, atrayendo a expositores y visitantes de todo el mundo.

Monumentos de Silleda

Silleda cuenta con un rico patrimonio arquitectónico y cultural, reflejado en sus numerosos monumentos históricos. A continuación, se presentan algunos de los más destacados.

Iglesia de San Pedro de Ansemil

La Iglesia de San Pedro de Ansemil es otra obra maestra del románico gallego, construida en el siglo XII. Esta iglesia, situada en las afueras de Silleda, destaca por su sobriedad y elegancia arquitectónica. La fachada principal presenta una portada con arquivoltas esculpidas y un tímpano decorado con escenas bíblicas.

El interior de la iglesia es igualmente impresionante, con sus bóvedas de cañón y sus capiteles decorados con motivos vegetales y animales. La pila bautismal, de época medieval, es una de las piezas más valiosas del mobiliario litúrgico. La iglesia es un testimonio de la rica herencia religiosa y artística de Silleda.

Pazo de Trasfontao

El Pazo de Trasfontao es uno de los pazos más importantes de la región de Silleda. Construido en el siglo XVII, este pazo es una muestra del esplendor de la nobleza gallega de la época. La arquitectura del pazo combina elementos góticos y renacentistas, con sus muros de piedra, balcones y escudos heráldicos.

El pazo está rodeado de extensos jardines y bosques, que añaden un encanto especial al lugar. En su interior, se pueden encontrar muebles y objetos decorativos de la época, que reflejan el estilo de vida de la aristocracia gallega. El Pazo de Trasfontao es un ejemplo destacado del patrimonio cultural y arquitectónico de Silleda.

Santuario de Nuestra Señora del Corpiño

El Santuario de Nuestra Señora del Corpiño es uno de los lugares de peregrinación más importantes de Galicia. Situado en la parroquia de Losón, este santuario data del siglo XVIII y está dedicado a la Virgen del Corpiño, a quien se le atribuyen numerosos milagros y curaciones.

El santuario es un edificio barroco, con una fachada decorada con pilastras y una torre campanario. En su interior, destaca el retablo mayor, que alberga la imagen de la Virgen del Corpiño. Cada año, miles de peregrinos acuden al santuario en busca de curación y consuelo espiritual, especialmente durante las festividades de Pentecostés y el 25 de julio.

Mitos y Leyendas de Silleda

Silleda, como muchas otras regiones de Galicia, está impregnada de mitos y leyendas que forman parte de su rica tradición oral. Estas historias, transmitidas de generación en generación, reflejan la imaginación y las creencias de los habitantes de la región.

La Leyenda del Monasterio de Carboeiro

Una de las leyendas más conocidas de Silleda es la del Monasterio de Carboeiro. Se dice que, en tiempos antiguos, el monasterio estaba custodiado por un monje llamado Frei Martiño, conocido por su sabiduría y bondad. Según la leyenda, Frei Martiño tenía el don de la bilocación, es decir, podía estar en dos lugares al mismo tiempo.

Un día, mientras rezaba en la iglesia, fue testigo de un incendio que amenazaba con destruir el monasterio. Sin pensarlo dos veces, se bilocó y apareció en el lugar del incendio, logrando apagar las llamas con su presencia milagrosa. Desde entonces, se dice que el espíritu de Frei Martiño sigue protegiendo el monasterio y sus alrededores.

La Leyenda de la Fuente de los Enfermos

En la parroquia de Lamela, se encuentra una fuente conocida como la Fuente de los Enfermos. Según la leyenda, esta fuente tiene propiedades curativas y puede sanar diversas dolencias. La historia cuenta que, hace muchos años, una joven llamada Rosa, que padecía una enfermedad incurable, soñó con un ángel que le dijo que bebiera de la fuente.

Desesperada por encontrar una cura, Rosa siguió el consejo del ángel y bebió de la fuente. Milagrosamente, su salud mejoró y se recuperó por completo. Desde entonces, la Fuente de los Enfermos ha sido un lugar de peregrinación para aquellos que buscan alivio para sus dolencias.

La Leyenda del Tesoro de Trasfontao

El Pazo de Trasfontao está envuelto en una fascinante leyenda sobre un tesoro escondido. Se dice que, durante la Guerra de Independencia contra Napoleón, los propietarios del pazo escondieron sus riquezas en un lugar secreto dentro de la propiedad para protegerlas de los saqueadores franceses.

Según la leyenda, el tesoro está enterrado en algún lugar del jardín del pazo, protegido por un encantamiento. Solo aquellos que poseen un corazón puro y la valentía suficiente podrán encontrar el tesoro y deshacer el encantamiento. A lo largo de los años, muchos han intentado descubrir el tesoro, pero hasta ahora, nadie ha tenido éxito.

Celebraciones y Tradiciones

Silleda es una localidad que mantiene vivas sus tradiciones y celebraciones, muchas de las cuales tienen raíces profundas en la historia y la cultura de la región.

Feira Internacional Semana Verde de Galicia

La Feria Internacional Semana Verde de Galicia es uno de los eventos más importantes de Silleda y de toda Galicia. Celebrada anualmente en junio, esta feria es un escaparate para la agricultura, la ganadería, la alimentación y la industria. Atrae a expositores y visitantes de todo el mundo, convirtiéndose en un punto de encuentro para profesionales y público en general.

Durante la feria, se organizan numerosas actividades, incluyendo exposiciones, conferencias, talleres y demostraciones. La feria es también una oportunidad para degustar productos locales y disfrutar de la gastronomía gallega. La Semana Verde de Galicia es un evento que refleja la vitalidad y el dinamismo de Silleda.

Fiesta de San Isidro

La Fiesta de San Isidro, patrono de los agricultores, es otra celebración importante en Silleda. Tiene lugar en mayo y es una ocasión para rendir homenaje a los agricultores y sus familias. La festividad incluye una misa en honor a San Isidro, seguida de una procesión con la imagen del santo por las calles de la localidad.

Después de la procesión, se organizan diversas actividades, como concursos de arada, exhibiciones de maquinaria agrícola y juegos populares. La fiesta se completa con una comida campestre y actuaciones de grupos folclóricos. La

Fiesta de San Isidro es una muestra del profundo vínculo entre Silleda y su tradición agrícola.

Romería de Nuestra Señora del Corpiño

La Romería de Nuestra Señora del Corpiño es una de las peregrinaciones más antiguas y concurridas de Galicia. Cada año, el 25 de julio, miles de peregrinos acuden al santuario de Nuestra Señora del Corpiño en busca de curación y bendición. La romería comienza con una misa solemne en honor a la Virgen, seguida de una procesión con su imagen.

La jornada se caracteriza por un ambiente festivo, con música, danzas tradicionales y puestos de comida y bebida. La Romería de Nuestra Señora del Corpiño es una celebración de fe y devoción que une a los habitantes de Silleda y a los peregrinos en un acto de profundo significado espiritual.

Patrimonio Natural

Silleda es una localidad bendecida con un entorno natural de gran belleza, que ofrece numerosas oportunidades para disfrutar de la naturaleza y practicar actividades al aire libre.

Fervenza do Toxa

La Fervenza do Toxa, o Cascada del Toxa, es una de las cascadas más altas y espectaculares de Galicia, con una caída de más de 30 metros. Situada en un entorno natural protegido, la cascada es un lugar popular para el senderismo y la observación de la flora y fauna local.

El río Toxa, que da origen a la cascada, ofrece un paisaje de gran belleza, con bosques de robles, castaños y alisos que albergan una rica biodiversidad. La Fervenza do Toxa es un destino ideal para los amantes de la naturaleza y los aficionados a la fotografía.

Parque Natural de Carboeiro

El Parque Natural de Carboeiro, situado en las inmediaciones del Monasterio de Carboeiro, es otro de los tesoros naturales de Silleda. Este parque, que abarca una extensa área de bosques y montañas, es un refugio para numerosas especies de animales y plantas.

El parque ofrece diversas rutas de senderismo que permiten explorar sus paisajes y disfrutar de vistas panorámicas de la región. Entre las actividades más populares se encuentran la observación de aves, el ciclismo de montaña y las excursiones guiadas para descubrir la historia y la naturaleza del lugar.

Sierra del Candán

La Sierra del Candán es una cadena montañosa que se extiende por los municipios de Silleda y Lalín. Con altitudes que superan los 1000 metros, la sierra ofrece un entorno ideal para la práctica del senderismo, la escalada y otras actividades al aire libre.

La Sierra del Candán es también un lugar de gran interés ecológico, con una flora y fauna variadas que incluyen especies endémicas y protegidas. Las rutas de senderismo que atraviesan la sierra permiten descubrir su riqueza natural y disfrutar de paisajes impresionantes.

Conclusión

Silleda es una localidad con una rica historia y un vasto patrimonio cultural y natural. Desde sus orígenes en la época romana hasta su desarrollo en la Edad Media y su modernización en el siglo XX, Silleda ha sido testigo de importantes transformaciones que han moldeado su carácter y su paisaje.

Sus monumentos históricos, como el Monasterio de Carboeiro y la Iglesia de San Pedro de Ansemil, ofrecen una ventana al pasado, mientras que las leyendas y mitos mantienen viva la tradición oral y el folklore de la región. Las celebraciones, como la Feria Internacional Semana Verde de Galicia y la Romería de Nuestra Señora del Corpiño, son momentos clave en el calendario festivo, que atraen a visitantes y refuerzan la identidad comunitaria.

El patrimonio natural de Silleda, con lugares emblemáticos como la Fervenza do Toxa y la Sierra del Candán, proporciona un entorno ideal para el disfrute de la naturaleza y la práctica de actividades al aire libre. En resumen, Silleda es un lugar donde la historia, la cultura y la naturaleza se entrelazan para ofrecer una experiencia rica y variada.

La preservación de su patrimonio y la promoción de sus tradiciones aseguran que Silleda seguirá siendo un destino atractivo para las generaciones futuras, invitando a todos a descubrir y apreciar su singular belleza y riqueza cultural.

Historia de Ponte Ulla

Ponte Ulla es una localidad gallega situada en la provincia de A Coruña, en el límite con la provincia de Pontevedra, y forma parte del municipio de Vedra. Su nombre se debe al puente que cruza el río Ulla, un río de gran importancia histórica y económica para la región. A lo largo de los siglos, Ponte Ulla ha sido testigo de numerosos eventos históricos y ha desarrollado un rico patrimonio cultural y arquitectónico.

Orígenes y Época Romana

El origen de Ponte Ulla se remonta a la época romana, cuando la construcción de infraestructuras como puentes y vías facilitó el desarrollo de asentamientos en la región. El río Ulla era una importante vía de comunicación y comercio, y los romanos aprovecharon su potencial estratégico. Se construyeron varios puentes en la región, facilitando el movimiento de tropas y mercancías entre las distintas partes del Imperio.

Uno de los vestigios más importantes de esta época es el Puente Romano de Gundián. Aunque ha sido restaurado y modificado a lo largo de los siglos, sus cimientos originales datan de la época romana. Este puente fue una pieza clave en la red viaria romana, conectando las ciudades de Lucus Augusta (Lugo) y Bracara Augusta (Braga).

Edad Media

Durante la Edad Media, Ponte Ulla adquirió mayor relevancia debido a su ubicación en una ruta de peregrinación hacia Santiago de Compostela. El Camino de Santiago, que atraía a peregrinos de toda Europa, contribuyó al desarrollo económico y cultural de la región. Los peregrinos que cruzaban el río Ulla utilizaban el puente y se detenían en los hospicios y monasterios cercanos.

Uno de los edificios religiosos más importantes de esta época es la Iglesia de Santa María de Ribadulla, construida en el siglo XII. Esta iglesia románica servía como punto de referencia para los peregrinos y como centro espiritual para los habitantes de la zona. Su arquitectura y arte son testigos del auge religioso y cultural de la época.

Edad Moderna

En la Edad Moderna, Ponte Ulla continuó siendo un importante centro de comunicación y comercio. La región experimentó un crecimiento demográfico y económico, impulsado por la agricultura, la ganadería y el comercio fluvial. La construcción de nuevos puentes y caminos mejoró aún más las conexiones con otras regiones de Galicia y España.

El Pazo de Santa Cruz de Ribadulla es uno de los ejemplos más destacados de la arquitectura señorial de esta época. Construido en el siglo XVI, este pazo perteneció a la familia Cruz y Montenegro y es conocido por sus impresionantes jardines y su rica historia. Los pazos gallegos eran residencias de la nobleza y reflejaban el poder y la riqueza de sus propietarios.

Siglo XIX y XX

El siglo XIX trajo consigo importantes cambios en la estructura económica y social de Ponte Ulla. La construcción del ferrocarril a finales del siglo XIX y principios del XX facilitó el transporte de mercancías y personas, contribuyendo al desarrollo industrial de la región. La agricultura siguió siendo una actividad económica fundamental, pero la modernización de las técnicas agrícolas y la introducción de nuevas culturas mejoraron la productividad.

El puente ferroviario de Gundián, construido en 1958, es una obra maestra de la ingeniería de la época. Este impresionante viaducto de acero y hormigón, que cruza el río Ulla, se convirtió en un símbolo del progreso y la modernización de la región. A lo largo del siglo XX, Ponte Ulla siguió desarrollándose, con mejoras en infraestructuras y servicios públicos que aumentaron la calidad de vida de sus habitantes.

Monumentos de Ponte Ulla

Ponte Ulla cuenta con numerosos monumentos históricos y arquitectónicos que reflejan su rica historia y patrimonio cultural. A continuación, se presentan algunos de los más destacados.

Puente Romano de Gundián

El Puente Romano de Gundián es uno de los monumentos más emblemáticos de Ponte Ulla. Aunque ha sido restaurado y modificado a lo largo de los siglos, sus cimientos originales datan de la época romana. Este puente fue una pieza clave en la red viaria romana, conectando las ciudades de Lucus Augusta (Lugo) y Bracara Augusta (Braga).

El puente, situado en un entorno natural de gran belleza, ofrece vistas espectaculares del río Ulla y sus alrededores. Es un lugar popular para el senderismo y la observación de aves, y su importancia histórica y arquitectónica lo convierte en una visita obligada para los amantes de la historia.

Iglesia de Santa María de Ribadulla

La Iglesia de Santa María de Ribadulla, construida en el siglo XII, es un magnífico ejemplo del arte románico gallego. Esta iglesia servía como punto de referencia para los peregrinos que se dirigían a Santiago de Compostela y como centro espiritual para los habitantes de la zona.

La fachada principal de la iglesia presenta una portada esculpida con motivos religiosos y ornamentales. En el interior, destacan las bóvedas de cañón y los capiteles decorados con figuras humanas y animales. La iglesia es un testimonio de la rica herencia religiosa y artística de Ponte Ulla.

Pazo de Santa Cruz de Ribadulla

El Pazo de Santa Cruz de Ribadulla, construido en el siglo XVI, es uno de los pazos más importantes de la región. Este pazo, que perteneció a la familia Cruz y Montenegro, es conocido por sus impresionantes jardines y su rica historia. Los jardines del pazo, diseñados en estilo renacentista y barroco, son considerados uno de los más bellos de Galicia.

El pazo cuenta con una colección de plantas exóticas y autóctonas, estanques, fuentes y esculturas que crean un entorno de gran belleza y serenidad. En el interior del pazo, se pueden encontrar muebles y objetos decorativos de la época, que reflejan el estilo de vida de la nobleza gallega. El Pazo de Santa Cruz de Ribadulla es un ejemplo destacado del patrimonio cultural y arquitectónico de Ponte Ulla.

Puente Ferroviario de Gundián

El Puente Ferroviario de Gundián, construido en 1958, es una obra maestra de la ingeniería de la época. Este impresionante viaducto de acero y hormigón, que cruza el río Ulla, se ha convertido en un símbolo del progreso y la modernización de la región.

El puente, que mide más de 200 metros de longitud y se eleva a una altura de 50 metros sobre el río, ofrece vistas espectaculares del valle del Ulla. Es un lugar popular para los aficionados a la fotografía y el senderismo, y su diseño arquitectónico y su importancia histórica lo convierten en un monumento destacado de Ponte Ulla.

Mitos y Leyendas de Ponte Ulla

Ponte Ulla, como muchas otras regiones de Galicia, está impregnada de mitos y leyendas que forman parte de su rica tradición oral. Estas historias, transmitidas de generación en generación, reflejan la imaginación y las creencias de los habitantes de la región.

La Leyenda del Puente Romano de Gundián

Una de las leyendas más conocidas de Ponte Ulla es la del Puente Romano de Gundián. Se dice que, en tiempos antiguos, el puente estaba custodiado por un espíritu llamado "O Enxoito", que protegía a los viajeros que cruzaban el río. Según la leyenda, O Enxoito era un espíritu benevolente que ayudaba a los peregrinos y comerciantes a cruzar el puente de manera segura.

Sin embargo, la leyenda también cuenta que O Enxoito castigaba a aquellos que intentaban dañar el puente o perturbar la paz del lugar. Se dice que en una ocasión, un grupo de bandidos intentó robar a los peregrinos que cruzaban el puente. O Enxoito apareció y, con su poder sobrenatural, los hizo desaparecer en el río. Desde entonces, se cree que el espíritu sigue vigilando el puente y protegiendo a los viajeros.

La Leyenda de la Sirena del Río Ulla

El río Ulla, con sus aguas cristalinas y su entorno natural, ha sido fuente de numerosas leyendas a lo largo de los siglos. Una de las historias más fascinantes es la de la sirena del río Ulla. Según la leyenda, en las noches de luna llena, una hermosa sirena emerge de las aguas del río y canta canciones melancólicas que hechizan a quienes las escuchan.

La leyenda cuenta que la sirena era una joven llamada Alba, que vivía en un pequeño pueblo a orillas del Ulla. Alba se enamoró de un pescador llamado Martín, pero su amor fue rechazado por los padres de Martín, quienes la acusaron de bruja. Desesperada, Alba se arrojó al río y se convirtió en sirena. Desde entonces, canta canciones tristes para atraer a los jóvenes pescadores y llevarlos a su reino submarino.

La Leyenda del Tesoro del Pazo de Santa Cruz de Ribadulla

El Pazo de Santa Cruz de Ribadulla está envuelto en una fascinante leyenda sobre un tesoro escondido. Se dice que, durante la Guerra de Independencia contra Napoleón, los propietarios del pazo escondieron sus riquezas en un lugar secreto dentro de la propiedad para protegerlas de los saqueadores franceses.

Según la leyenda, el tesoro está enterrado en algún lugar de los jardines del pazo, protegido por un encantamiento. Solo aquellos que poseen un corazón puro y la valentía suficiente podrán encontrar el tesoro y deshacer el encantamiento. A lo largo de los años, muchos han intentado descubrir el tesoro, pero hasta ahora, nadie ha tenido éxito.

Celebraciones y Tradiciones

Ponte Ulla es una localidad que mantiene vivas sus tradiciones y celebraciones, muchas de las cuales tienen raíces profundas en la historia y la cultura de la región.

Fiesta de San Xoán de Cova

La Fiesta de San Xoán de Cova es una de las celebraciones más importantes de Ponte Ulla. Tiene lugar en junio y es una ocasión para rendir homenaje a San Xoán (San Juan), el patrón de la localidad. La festividad incluye una misa en honor al santo, seguida de una procesión con su imagen por las calles de la localidad.

Después de la procesión, se organizan diversas actividades, como concursos, juegos populares y actuaciones de grupos folclóricos. La fiesta se completa con una comida campestre y una hoguera nocturna, donde los vecinos se reúnen para disfrutar de la música y el baile. La Fiesta de San Xoán de Cova es una muestra del profundo vínculo entre Ponte Ulla y sus tradiciones religiosas y culturales.

Romería de Santa Cruz

La Romería de Santa Cruz es otra celebración destacada en Ponte Ulla. Tiene lugar en septiembre y es una ocasión para rendir homenaje a la Santa Cruz. La romería comienza con una misa solemne en la iglesia local, seguida de una procesión con la imagen de la Santa Cruz.

La jornada se caracteriza por un ambiente festivo, con música, danzas tradicionales y puestos de comida y bebida. La Romería de Santa Cruz es una celebración de fe y devoción que une a los habitantes de Ponte Ulla y a los visitantes en un acto de profundo significado espiritual.

Patrimonio Natural

Ponte Ulla es una localidad bendecida con un entorno natural de gran belleza, que ofrece numerosas oportunidades para disfrutar de la naturaleza y practicar actividades al aire libre.

Río Ulla

El río Ulla es uno de los principales atractivos naturales de Ponte Ulla. Con sus aguas cristalinas y sus paisajes verdes, el río ofrece un entorno ideal para la pesca, el senderismo y otras actividades al aire libre. A lo largo de sus orillas, se pueden encontrar molinos de agua y puentes de piedra que añaden un encanto especial al paisaje.

El río Ulla es también un lugar popular para la práctica de deportes acuáticos, como el piragüismo y el rafting. Sus aguas limpias y su entorno natural hacen del río Ulla un destino muy apreciado por los amantes de la naturaleza.

Jardines del Pazo de Santa Cruz de Ribadulla

Los jardines del Pazo de Santa Cruz de Ribadulla son uno de los tesoros naturales de Ponte Ulla. Diseñados en estilo renacentista y barroco, estos jardines son considerados uno de los más bellos de Galicia. Los jardines cuentan con una colección de plantas exóticas y autóctonas, estanques, fuentes y esculturas que crean un entorno de gran belleza y serenidad.

Los jardines son un lugar ideal para pasear y disfrutar de la naturaleza. Las diversas especies de plantas y flores ofrecen un espectáculo de colores y aromas que varía con las estaciones del año. Los jardines del Pazo de Santa Cruz de Ribadulla son un ejemplo destacado del patrimonio natural y cultural de Ponte Ulla.

Monte Gundián

El Monte Gundián es una elevación montañosa que ofrece vistas espectaculares del valle del Ulla y sus alrededores. Este monte es un lugar popular para el senderismo y las excursiones en bicicleta, con varias rutas señalizadas que permiten explorar sus paisajes y disfrutar de la naturaleza.

El Monte Gundián es también un lugar de gran interés ecológico, con una flora y fauna variadas que incluyen especies endémicas y protegidas. Las rutas de senderismo que atraviesan el monte permiten descubrir su riqueza natural y disfrutar de paisajes impresionantes.

Conclusión

Ponte Ulla es una localidad con una rica historia y un vasto patrimonio cultural y natural. Desde sus orígenes en la época romana hasta su desarrollo en la Edad Media y su modernización en el siglo XX, Ponte Ulla ha sido testigo de importantes transformaciones que han moldeado su carácter y su paisaje.

Sus monumentos históricos, como el Puente Romano de Gundián y la Iglesia de Santa María de Ribadulla, ofrecen una ventana al pasado, mientras que las leyendas y mitos mantienen viva la tradición oral y el folklore de la región. Las celebraciones, como la Fiesta de San Xoán de Cova y la Romería de Santa Cruz, son momentos clave en el calendario festivo, que atraen a visitantes y refuerzan la identidad comunitaria.

El patrimonio natural de Ponte Ulla, con lugares emblemáticos como el río Ulla y el Monte Gundián, proporciona un entorno ideal para el disfrute de la naturaleza y la práctica de actividades al aire libre. En resumen, Ponte Ulla es un lugar donde la historia, la cultura y la naturaleza se entrelazan para ofrecer una experiencia rica y variada.

La preservación de su patrimonio y la promoción de sus tradiciones aseguran que Ponte Ulla seguirá siendo un destino atractivo para las generaciones futuras, invitando a todos a descubrir y apreciar su singular belleza y riqueza cultural.

Capítulo 6

A Susana

Historia de A Susana

A Susana es una parroquia situada en el municipio de Santiago de Compostela, en la provincia de La Coruña, Galicia, España. La historia de A Susana se encuentra profundamente entrelazada con la de Santiago de Compostela, una ciudad emblemática debido a su importancia como destino final del Camino de Santiago, una de las rutas de peregrinación más importantes del mundo cristiano.

Época Pre-romana y Romana

Antes de la llegada de los romanos, la región donde se encuentra A Susana estaba habitada por pueblos celtas. Estos pueblos dejaron su huella en la cultura y las tradiciones locales, muchas de las cuales han perdurado a lo largo de los siglos. Con la romanización de Galicia, la infraestructura y la organización administrativa romana se implementaron en la región, dejando un legado que incluiría caminos, puentes y asentamientos.

Edad Media y el Camino de Santiago

El descubrimiento de la tumba del apóstol Santiago en el siglo IX transformó a Santiago de Compostela en un centro de peregrinación cristiana. Este descubrimiento fue seguido por la construcción de la catedral y el desarrollo de una infraestructura que apoyaba a los peregrinos. A Susana, situada cerca de Santiago de Compostela, experimentó un crecimiento debido a su proximidad con el camino de peregrinación.

Durante la Edad Media, la iglesia jugó un papel central en la vida de la comunidad. La iglesia de Santa María de A Susana, construida en estilo románico, se convirtió en el corazón espiritual y social de la parroquia. Este templo, edificado en los siglos XII y XIII, ha sido restaurado y mantenido a lo largo de los años, reflejando tanto la arquitectura románica como influencias góticas posteriores.

Edad Moderna y Contemporánea

Con el paso de los siglos, A Susana continuó desarrollándose como una comunidad agraria, con una economía basada en la agricultura y la ganadería. La influencia de Santiago de Compostela seguía siendo fuerte, tanto económica como culturalmente. La modernización trajo consigo mejoras en la infraestructura y servicios, pero también desafíos como la migración hacia áreas urbanas.

En el siglo XX, A Susana, al igual que muchas áreas rurales de Galicia, enfrentó cambios significativos debido a la industrialización y la migración hacia ciudades más grandes. Sin embargo, la parroquia logró mantener su identidad y tradiciones, gracias en parte al continuo flujo de peregrinos que viajan a Santiago de Compostela.

Siglo XXI

En la actualidad, A Susana es una parroquia que combina su rica herencia histórica con la vida moderna. La proximidad a Santiago de Compostela sigue siendo una ventaja, atrayendo a turistas y peregrinos que buscan experimentar la cultura y la historia gallega. La comunidad local continúa celebrando sus festividades y tradiciones, manteniendo vivo el espíritu de sus antepasados.

Monumentos e Iglesias

Iglesia Parroquial de Santa María de A Susana:

- Historia

La Iglesia Parroquial de Santa María de A Susana es un notable ejemplo de la arquitectura románica en Galicia. Construida en los siglos XII y XIII, esta iglesia ha sido un pilar fundamental en la vida espiritual y comunitaria de la parroquia de A Susana, situada en el municipio de Santiago de Compostela. Su construcción coincidió con el auge del Camino de Santiago, lo que aumentó su importancia como punto de referencia y descanso para los peregrinos.

Arquitectura

Estilo Románico:

- **Estructura:** La iglesia de Santa María presenta una estructura típica del estilo románico, con una nave única que conduce a un ábside semicircular. La sobriedad y robustez de su diseño son características distintivas de este estilo arquitectónico.
- **Fachada:** La fachada es sencilla pero imponente, con una puerta de arco de medio punto flanqueada por columnas y capiteles decorados con motivos vegetales y geométricos. Encima de la puerta, se encuentra

una ventana estrecha que proporciona iluminación al interior de la iglesia.

• **Campanario:** El campanario, añadido en una fase posterior, refleja una transición hacia el estilo gótico, con su diseño más estilizado y detalles decorativos más elaborados.

Elementos Decorativos:

• **Capiteles y Columnas:** Los capiteles de las columnas están decorados con motivos vegetales, animales y escenas bíblicas, mostrando la habilidad de los artesanos medievales y su atención al detalle.

• **Bóvedas y Techos:** La nave está cubierta por una bóveda de cañón, característica del románico, que contribuye a la sensación de solidez y durabilidad del edificio.

Restauraciones

A lo largo de los siglos, la iglesia ha sido objeto de varias restauraciones para preservar su integridad estructural y su valor histórico. Estas restauraciones han respetado en gran medida el diseño original, asegurando que la iglesia mantenga su carácter románico mientras se incorporan elementos necesarios para su conservación y funcionalidad en tiempos modernos.

Importancia Cultural y Espiritual

La Iglesia de Santa María de A Susana ha sido, y sigue siendo, un centro vital de la vida religiosa y comunitaria de la parroquia. Además de servir como lugar de culto, ha sido un punto de encuentro para las festividades locales y las actividades comunitarias.

Peregrinación y El Camino de Santiago:

- **Refugio de Peregrinos:** Dada su proximidad a Santiago de Compostela, la iglesia ha sido históricamente un refugio para los peregrinos que se dirigían a la tumba del apóstol Santiago. Ofrecía un lugar de descanso y oración antes de completar su peregrinaje.

Festividades y Tradiciones:

- **Fiesta de Santa María:** La principal festividad de la parroquia, en honor a Santa María, incluye procesiones, misas solemnes y celebraciones comunitarias. Esta festividad refuerza los lazos sociales y espirituales entre los habitantes de A Susana.
- **Romerías:** Las romerías, o peregrinaciones festivas, son eventos importantes donde los vecinos se dirigen en procesión a la iglesia, celebrando con misas y comidas comunitarias.

Conclusión

La Iglesia Parroquial de Santa María de A Susana es un tesoro histórico y cultural que refleja la rica herencia de la región de Galicia. Su arquitectura románica, su papel en el Camino de Santiago y su importancia en la vida comunitaria de A Susana la convierten en un lugar de gran significancia. La iglesia no solo es un monumento histórico, sino también un símbolo de la identidad y la espiritualidad de la parroquia.

Monumentos del Camino de Santiago:

• **Cruceiros y Señales:** A lo largo de los caminos que atraviesan A Susana, se pueden encontrar varios cruceiros (cruces de piedra) que no solo tienen valor religioso, sino que también sirven como guías para los peregrinos. Estos monumentos son típicos de Galicia y representan la profunda fe y tradición cristiana de la región.

• **Puntos de Descanso:** Existen áreas designadas como puntos de descanso para los peregrinos, que incluyen fuentes y bancos, permitiendo a los viajeros recargar energías antes de continuar su viaje hacia Santiago de Compostela.

Mitos y Leyendas

La Leyenda de la Santa Compaña:

• **Descripción:** La Santa Compaña es una procesión espectral de almas en pena que, según la leyenda, vaga por los caminos rurales de Galicia durante la noche. En A Susana, los habitantes afirman haber visto esta procesión fantasmal, especialmente en las noches oscuras y nebulosas. Se cree que la Santa Compaña aparece para advertir de peligros o anunciar la muerte de algún vecino.

La Fonte da Virxe:

• La Fonte da Virxe

Historia y Ubicación

La Fonte da Virxe es una fuente de agua situada cerca de la Iglesia Parroquial de Santa María de A Susana, en la parroquia de A Susana, municipio de Santiago de

Compostela, Galicia, España. Esta fuente ha sido objeto de veneración y leyendas locales durante siglos, debido a sus supuestas propiedades milagrosas.

Leyenda de la Aparición de la Virgen

Según la leyenda, la Virgen María se aparcció en el lugar donde hoy se encuentra la fuente. La historia cuenta que la Virgen bendijo el manantial, otorgándole propiedades curativas y milagrosas. Desde entonces, la Fonte da Virxe se ha convertido en un lugar de peregrinación y devoción para los habitantes de A Susana y los peregrinos que recorren el Camino de Santiago.

Propiedades Milagrosas

La fuente es famosa por las propiedades curativas de sus aguas. La tradición local sostiene que aquellos que beben de sus aguas o se lavan en ella pueden recibir bendiciones, curaciones de enfermedades y alivio de dolores. A lo largo de los años, muchas personas han afirmado haber experimentado mejoras en su salud después de visitar la fuente, lo que ha aumentado su reputación como lugar sagrado.

Características Físicas

Estructura:

- **Diseño:** La fonte es una estructura sencilla, construida en piedra, que se integra armoniosamente en el paisaje natural de la región. Su diseño es típico de las fuentes gallegas, con un caño de agua que fluye continuamente desde una pared de piedra.

- **Entorno:** La fuente está rodeada de vegetación, creando un ambiente tranquilo y sereno que invita a la meditación y la oración. Este entorno natural refuerza la sensación de santidad y paz que muchos visitantes experimentan al llegar al lugar.

Uso y Celebraciones

Romerías y Peregrinaciones:

- **Visitas Religiosas:** La Fonte da Virxe es un destino popular para romerías y peregrinaciones. Los fieles y peregrinos se reúnen aquí para beber de sus aguas, rezar y pedir bendiciones. Las procesiones a la fuente son eventos comunes durante las festividades religiosas, especialmente en la fiesta de Santa María.
- **Rituales Tradicionales:** Durante las festividades locales, es común que las personas realicen rituales específicos en la fuente, como lavarse las manos y la cara o recoger agua en recipientes para llevar a sus hogares.

Historias de Curaciones:

- **Testimonios:** A lo largo de los años, se han recopilado numerosos testimonios de personas que afirman haber experimentado curaciones milagrosas después de visitar la fuente. Estos testimonios han sido transmitidos de generación en generación, fortaleciendo la creencia en las propiedades milagrosas de la fuente.

Significado Cultural y Espiritual

La Fonte da Virxe no solo es un lugar de interés histórico y religioso, sino que también desempeña un papel crucial en la vida cultural y espiritual de A Susana. Representa la fe y la devoción de la comunidad, y su historia y leyendas forman parte integral de la identidad local.

Simbolismo:

• **Fe y Devoción:** La fuente simboliza la profunda fe religiosa de los habitantes de A Susana y su conexión con lo divino. Es un testimonio de la creencia en lo sobrenatural y el poder de la intervención divina en la vida cotidiana.

• **Tradición y Herencia:** La fuente es un símbolo de la herencia cultural de la parroquia. Las historias y rituales asociados con ella son una parte importante de las tradiciones locales, transmitidas de generación en generación.

Conclusión

La Fonte da Virxe es un lugar de gran significación histórica, cultural y espiritual en A Susana. Su historia y leyendas, combinadas con las creencias en sus propiedades milagrosas, la convierten en un destino importante para los fieles y peregrinos. Este manantial sagrado no solo es un testimonio de la rica herencia de la región, sino también un símbolo duradero de la fe y la devoción de sus habitantes.

El Tesoro Escondido del Monte Pedroso:

•Introducción y Ubicación

El Monte Pedroso es una colina situada a las afueras de Santiago de Compostela, en la provincia de La Coruña, Galicia, España. Esta elevación natural no solo ofrece vistas panorámicas de la ciudad y sus alrededores, sino que también está envuelta en una de las leyendas más intrigantes de la región: la del tesoro escondido.

La Leyenda del Tesoro

La leyenda cuenta que durante la época de las invasiones bárbaras, los romanos, temiendo la pérdida de sus riquezas ante los invasores, escondieron un valioso tesoro en el Monte Pedroso. Este tesoro, según la tradición, estaría compuesto de monedas de oro, joyas, y artefactos de gran valor, cuidadosamente ocultos en una cueva o un lugar secreto dentro del monte.

Detalles de la Leyenda

Origen de la Leyenda:

- **Época Romana:** La leyenda se sitúa en el período de decadencia del Imperio Romano, cuando las invasiones bárbaras eran una amenaza constante. Los romanos, conocidos por su organización y previsión, habrían decidido ocultar sus riquezas para protegerlas de los saqueadores.
- **Transmisión Oral:** La historia del tesoro ha sido transmitida oralmente de generación en generación, convirtiéndose en parte del folclore local. Los detalles varían, pero el núcleo de la leyenda sigue siendo el mismo: un tesoro escondido por los romanos en el Monte Pedroso.

Intentos de Encontrar el Tesoro:

- **Exploraciones:** A lo largo de los siglos, ha habido numerosos intentos de localizar el tesoro. Aventureros, arqueólogos aficionados y buscadores de tesoros han explorado el Monte Pedroso con la esperanza de desenterrar las riquezas ocultas.
- **Métodos Utilizados:** Las búsquedas han incluido desde excavaciones rudimentarias hasta el uso de tecnología moderna, como detectores de metales y georradares. Sin embargo, hasta la fecha, no se ha encontrado ninguna evidencia concreta del tesoro.

Significado Cultural y Simbólico

Patrimonio y Tradición:

- **Folclore Local:** La leyenda del tesoro forma parte integral del folclore de Santiago de Compostela y sus alrededores. Es una historia que alimenta la imaginación y el sentido de misterio asociado con la región.

• **Identidad Cultural:** La leyenda contribuye a la identidad cultural de la zona, recordando a los habitantes y visitantes la rica historia y las múltiples capas de civilización que han influido en Galicia.

Impacto Turístico:

• **Atracción Turística:** Aunque no se ha encontrado el tesoro, la leyenda atrae a turistas y aficionados a la historia, que visitan el Monte Pedroso no solo por sus vistas, sino también por la emoción de estar en un lugar envuelto en misterio.
• **Eventos y Excursiones:** En ocasiones, se organizan excursiones y eventos temáticos que exploran la historia y la leyenda del tesoro, enriqueciendo la experiencia turística y cultural de la zona.

Monte Pedroso en la Actualidad

Características del Monte:

• **Vistas Panorámicas:** El Monte Pedroso ofrece vistas espectaculares de Santiago de Compostela y su catedral, convirtiéndose en un lugar popular para caminatas y paseos.
• **Flora y Fauna:** La colina está cubierta de vegetación típica de la región, incluyendo robles, pinos y una variedad de arbustos y flores silvestres. La fauna local incluye aves, pequeños mamíferos y reptiles.

Actividades Recreativas:

- **Senderismo y Naturaleza:** El monte es un lugar favorito para los amantes del senderismo y la naturaleza, con varias rutas bien señalizadas que permiten explorar su belleza natural.
- **Eventos Culturales:** Además de las excursiones temáticas sobre la leyenda del tesoro, se celebran otros eventos culturales y recreativos en el Monte Pedroso, aprovechando su entorno natural y su proximidad a la ciudad.

Conclusión

La leyenda del tesoro escondido en el Monte Pedroso es una fascinante parte del patrimonio cultural de Santiago de Compostela y sus alrededores. Aunque el tesoro sigue siendo un misterio sin resolver, la historia enriquece la tradición local y atrae a aquellos que buscan aventura y conexión con el pasado. El Monte Pedroso, con su belleza natural y su aire de misterio, continúa siendo un lugar de interés tanto para los locales como para los visitantes.

Cultura y Tradiciones

Fiestas y Romerías:

- **Fiesta de Santa María:** La festividad en honor a Santa María es la celebración más importante en A Susana. Se celebra con procesiones, misas solemnes, música y bailes tradicionales. La comunidad se reúne para honrar a su patrona y fortalecer los lazos sociales.
- **Romerías:** Las romerías son peregrinaciones festivas en las que los vecinos se dirigen en procesión a la iglesia o a otros lugares sagrados, donde se realizan misas y se disfrutan comidas comunitarias. Estas celebraciones refuerzan la identidad y la cohesión social de la parroquia.

Gastronomía:

- **Platos Típicos:** La gastronomía de A Susana refleja la rica tradición culinaria gallega. Entre los platos más destacados se encuentran el pulpo a la gallega, la empanada gallega y el caldo gallego. Estos platos son preparados con ingredientes locales y recetas transmitidas de generación en generación.
- **Festividades Gastronómicas:** Durante las festividades locales, es común preparar y compartir estos manjares en grandes reuniones familiares y comunitarias. La comida es una parte integral de las celebraciones, simbolizando la hospitalidad y la cultura de A Susana.

Conclusión

A Susana es una parroquia con una rica historia que abarca desde la época prerromana hasta la actualidad. Su proximidad a Santiago de Compostela ha influido significativamente en su desarrollo y en la conservación de sus tradiciones y patrimonio. Los monumentos, iglesias, mitos y leyendas de A Susana reflejan una cultura vibrante y una comunidad que valora su herencia histórica y espiritual.

Introducción

Castro Lupario, también conocido como Castro de San Mamede, es uno de los asentamientos castreños más emblemáticos de Galicia, situado en el municipio de Rois, en la provincia de La Coruña, cerca de Santiago de Compostela. Su relevancia histórica y arqueológica, junto con las leyendas que lo envuelven, lo han convertido en un punto de interés clave para la comprensión de la cultura celta y la romanización en Galicia.

Orígenes Prehistóricos

Edad del Hierro (Siglos VIII a.C. - I a.C.):

- **Población Celta:** El castro fue fundado por pueblos celtas durante la Edad del Hierro. Estos grupos, que formaban parte de la cultura castreña, eran conocidos por establecer asentamientos fortificados en colinas y montes elevados, como el Castro Lupario. La elección de estos lugares no era casual: la altura ofrecía una ventaja estratégica para la defensa, al mismo tiempo que permitía el control visual sobre los territorios circundantes.
- **Organización Social:** Los habitantes del Castro Lupario vivían en pequeñas comunidades organizadas en torno a un sistema tribal. Cada castro funcionaba como una unidad social y económica autosuficiente, donde la agricultura, la ganadería y la metalurgia eran las actividades principales. Las viviendas eran de planta circular u ovalada, construidas con muros de piedra y techos de paja o madera.

- **Religión y Rituales:** La cultura celta tenía una rica tradición religiosa, con una fuerte conexión con la naturaleza y los elementos. En muchos castros, incluido posiblemente Castro Lupario, se practicaban rituales religiosos que implicaban sacrificios y ceremonias dedicadas a los dioses celtas. La adoración a las deidades naturales, como el dios del trueno o la diosa de la fertilidad, era central en la vida de estos pueblos.

Arquitectura y Estructura del Castro

Estructura Defensiva:

- **Murallas y Fosos:** El Castro Lupario estaba rodeado por murallas concéntricas hechas de piedra, diseñadas para proteger a sus habitantes de posibles ataques. Estas murallas, que en algunos lugares podían tener varios metros de espesor, eran reforzadas con fosos y empalizadas de madera, creando una barrera formidable contra invasores.
- **Accesos:** El acceso al castro estaba controlado por una o más puertas estratégicamente situadas. Estas puertas solían estar protegidas por torres o bastiones, lo que permitía defender el acceso con mayor eficacia en caso de ataque.

Viviendas y Espacios Comunes:

- **Casas Circulares:** Las viviendas dentro del castro eran típicamente de planta circular, con un diámetro que variaba según la importancia de la familia que las ocupaba. Las paredes estaban construidas con piedra sin argamasa, mientras que los techos eran cónicos y estaban hechos de paja o madera.

- **Áreas Comunes:** Dentro del castro, existían espacios comunes como patios y áreas de trabajo, donde se llevaban a cabo actividades comunitarias como la molienda del grano, la fabricación de cerámica y la elaboración de herramientas de metal. Estos espacios también servían como puntos de encuentro social y celebración.

Influencia Romana y la Romanización

Conquista Romana (Siglo I a.C.):

- **Ocupación:** Con la llegada de las legiones romanas a la región en el siglo I a.C., muchos castros, incluido el de Lupario, fueron ocupados o abandonados. Los romanos impusieron su control sobre los pueblos celtas, pero permitieron que muchos castros continuaran existiendo, adaptándose a las nuevas realidades políticas y económicas.
- **Adaptación y Cambios:** Aunque la estructura básica del castro se mantuvo, la influencia romana se hizo evidente en varios aspectos. Los romanos introdujeron nuevas tecnologías, como la mejora de las técnicas agrícolas y metalúrgicas, y fomentaron el comercio entre los distintos asentamientos. También es probable que el Castro Lupario adoptara ciertos elementos de la cultura material romana, como la cerámica y las monedas.

Sincretismo Cultural:

- **Religión y Cultura:** Aunque la romanización fue un proceso significativo, la cultura celta no desapareció. En lugar de ello, hubo un sincretismo cultural en el que se combinaron elementos celtas y romanos. Por ejemplo, las prácticas religiosas celtas fueron reinterpretadas bajo el panteón romano, y es posible que los antiguos dioses celtas fueran asimilados a las deidades romanas.

- **Lenguaje y Costumbres:** El latín se convirtió en la lengua administrativa y comercial, pero es probable que las lenguas celtas continuaran hablándose en el ámbito doméstico durante siglos. Las costumbres celtas, especialmente las relacionadas con la vida comunitaria y las celebraciones, también persistieron, adaptándose al nuevo contexto romano.

La Leyenda de la Reina Lupa

La Figura Mítica de la Reina Lupa:

- **Orígenes de la Leyenda:** Una de las leyendas más famosas asociadas con Castro Lupario es la de la Reina Lupa, una poderosa figura femenina que supuestamente gobernaba la región en los tiempos de la llegada del cuerpo del Apóstol Santiago a Galicia. Esta leyenda es una mezcla de mitología celta y tradición cristiana, y ha sido transmitida a través de generaciones.
- **Relación con el Apóstol Santiago:** Según la leyenda, tras el martirio del Apóstol Santiago, sus discípulos llevaron su cuerpo a Galicia para ser enterrado. Al llegar, solicitaron ayuda a la Reina Lupa, quien inicialmente se mostró hostil y les envió a una trampa. Sin embargo, tras un milagro atribuido al apóstol, la reina se convirtió al cristianismo y ofreció sus tierras para el entierro del cuerpo, donde más tarde se construiría la Catedral de Santiago de Compostela.
- **Vinculación con Castro Lupario:** Aunque la historia es en gran parte mítica, se cree que el Castro Lupario podría haber sido el lugar donde residía la Reina Lupa, o al menos un centro de poder vinculado a esta leyenda. Esta conexión ha añadido un misticismo particular al sitio, convirtiéndolo en un lugar de interés tanto histórico como legendario.

Investigaciones Arqueológicas y Estado Actual

Excavaciones y Hallazgos:

- **Estudios Arqueológicos:** Aunque el Castro Lupario ha sido objeto de interés desde hace mucho tiempo, las excavaciones arqueológicas sistemáticas han sido limitadas. Sin embargo, los estudios realizados han revelado la estructura defensiva del castro, así como restos de cerámica, herramientas y otros objetos que ofrecen una visión de la vida diaria en el asentamiento.
- **Hallazgos Específicos:** Entre los hallazgos destacan fragmentos de cerámica que muestran la influencia romana, así como restos de muros y estructuras que han permitido reconstruir parcialmente la disposición del castro. También se han encontrado objetos de metal que sugieren una actividad metalúrgica significativa en el sitio.

Conservación y Accesibilidad:

- **Estado de Conservación:** Actualmente, el Castro Lupario se encuentra en un estado de conservación parcial. Las murallas y algunas estructuras son aún visibles, pero gran parte del sitio está cubierto por vegetación. A pesar de esto, el sitio es accesible para quienes deseen visitarlo, aunque su popularidad es menor en comparación con otros castros gallegos más conocidos.
- **Protección del Sitio:** El Castro Lupario está protegido bajo la legislación de patrimonio histórico de Galicia, lo que asegura que se tomen medidas para su conservación. Sin embargo, el mantenimiento y la protección del sitio dependen en gran medida de los esfuerzos locales y la concienciación sobre su importancia cultural e histórica.

Conclusión

Castro Lupario es un sitio de gran relevancia histórica, arqueológica y cultural en Galicia. Desde sus orígenes como un asentamiento celta en la Edad del Hierro, pasando por su adaptación durante la romanización, hasta su inclusión en las leyendas medievales, el castro es un testimonio de la rica y compleja historia de la región. Aunque queda mucho por descubrir y estudiar, el Castro Lupario sigue siendo un símbolo del pasado antiguo de Galicia y un recordatorio de las culturas que han dejado su huella en esta tierra.

Introducción

El Monte do Gozo es una colina situada a unos 4 kilómetros al noreste de Santiago de Compostela, en Galicia, España. Su nombre, que en gallego significa "Monte de la Alegría", es emblemático del sentimiento que experimentaban los peregrinos al divisar por primera vez las torres de la Catedral de Santiago de Compostela desde este punto, tras una larga y ardua peregrinación. El monte ha sido un lugar de gran importancia histórica, religiosa y cultural a lo largo de los siglos, y sigue siendo un punto destacado en el Camino de Santiago.

Orígenes y Significado Religioso

El Camino de Santiago:

- **Contexto Histórico:** Desde la Edad Media, el Camino de Santiago ha sido una de las rutas de peregrinación más importantes del mundo cristiano. Iniciado tras el descubrimiento de la tumba del Apóstol Santiago en Compostela en el siglo IX, el camino atrajo a millones de peregrinos de toda Europa y más allá. Estos viajeros, movidos por la fe y la devoción, recorrían cientos o miles de kilómetros a pie, a caballo o en carretas, enfrentando todo tipo de dificultades.

- **El Monte do Gozo como Hito Final:** El Monte do Gozo marca uno de los últimos hitos importantes en esta peregrinación. Cuando los peregrinos llegaban a la cima de esta colina, podían ver por primera vez las torres de la Catedral de Santiago de Compostela, lo que generaba una mezcla de alivio, alegría y emoción. Este avistamiento simbolizaba la proximidad del final del viaje y el cumplimiento de su objetivo espiritual.

Importancia Espiritual y Devocional:

- **Ritos y Oraciones:** En la Edad Media, los peregrinos solían detenerse en el Monte do Gozo para dar gracias a Dios por haberles permitido llegar tan lejos. Muchos rezaban oraciones especiales, cantaban himnos o realizaban pequeños actos de penitencia. Este momento de reflexión y gratitud era fundamental antes de la entrada en la ciudad sagrada de Santiago de Compostela.

- **Leyendas y Tradiciones:** A lo largo de los siglos, se desarrollaron varias leyendas en torno al Monte do Gozo. Algunas historias medievales hablan de apariciones milagrosas o de encuentros con ángeles que habrían guiado a los peregrinos en su camino. Estas narraciones contribuyeron a la mística del lugar, reforzando su importancia como un punto de gran valor espiritual.

Desarrollo Medieval y Transformaciones

Infraestructura Medieval:

• **Albergues y Hospitales:** Dada la importancia del Monte do Gozo en el Camino, en la Edad Media se establecieron varios albergues y hospitales cerca de su cima para atender a los peregrinos. El más destacado de estos fue el Hospital de San Marcos, fundado en el siglo XII. Este hospital ofrecía alojamiento, comida y cuidados médicos a los peregrinos, muchos de los cuales llegaban exhaustos, enfermos o heridos tras su largo viaje.

• **Caminos y Cruces:** Alrededor del Monte do Gozo se desarrolló una compleja red de caminos que confluían hacia Santiago de Compostela. Para guiar a los peregrinos, se erigieron cruces de piedra y otras señales a lo largo de las rutas. Estos símbolos religiosos no solo marcaban el camino, sino que también servían como recordatorios de la fe y la protección divina que guiaba a los viajeros.

Declive y Resurgimiento:

• **Crisis de la Peregrinación:** Con el paso del tiempo, especialmente durante la Edad Moderna (siglos XVI al XVIII), la peregrinación a Santiago de Compostela sufrió un declive significativo. Esto se debió en parte a la Reforma Protestante, que desacreditó el valor de las indulgencias y las peregrinaciones en varias regiones de Europa, así como a las guerras, epidemias y cambios políticos que dificultaron los viajes.

• **Mantenimiento del Monte do Gozo:** Aunque el número de peregrinos disminuyó, el Monte do Gozo nunca fue completamente abandonado. A lo largo de los siglos, se mantuvieron algunos de los servicios y estructuras para los peregrinos que continuaban llegando, aunque en menor número. Los locales siguieron considerando el monte como un lugar de importancia religiosa y cultural.

Renovación en el Siglo XX

Renacimiento del Camino de Santiago:

- **Años Santos y Renovación:** El Camino de Santiago experimentó un renacimiento a lo largo del siglo XX, especialmente con la proclamación de Años Santos Jacobeos, que atrajeron a grandes multitudes de peregrinos. El Año Santo Jacobeo de 1993 fue especialmente significativo, ya que coincidió con una gran campaña de revitalización del Camino y de los lugares asociados a él, incluido el Monte do Gozo.
- **Inversiones en Infraestructura:** Durante este período, el Monte do Gozo fue objeto de una importante modernización. Se construyó un gran complejo de albergues con capacidad para cientos de peregrinos, junto con instalaciones de apoyo como restaurantes, áreas de descanso, y zonas de camping. Estas mejoras aseguraron que el monte pudiera recibir adecuadamente a las crecientes multitudes de peregrinos que llegaban cada año.

El Monumento al Peregrino y Otros Atractivos:

- **Monumento al Peregrino:** En 1993, se erigió el Monumento al Peregrino en la cima del Monte do Gozo. Esta gran escultura, diseñada por el artista español José María Acuña, representa a dos peregrinos señalando hacia la Catedral de Santiago. Es un símbolo de la determinación, la fe y la alegría de todos los que han recorrido el Camino de Santiago. El monumento se ha convertido en un punto de referencia y un lugar de encuentro para los peregrinos modernos.

- **Capilla de San Marcos:** La Capilla de San Marcos, ubicada en las inmediaciones del monte, es un pequeño templo que ofrece un espacio de oración y reflexión para los peregrinos. Aunque es modesta en comparación con otros monumentos religiosos de la región, la capilla es altamente significativa para aquellos que desean un momento de recogimiento antes de concluir su peregrinación.

- **Anfiteatro y Espacios Culturales:** Además de su importancia religiosa, el Monte do Gozo ha sido desarrollado como un espacio cultural. En los años 90, se construyó un anfiteatro al aire libre que ha sido utilizado para conciertos y eventos culturales de gran escala. Este anfiteatro ha acogido a artistas internacionales y ha contribuido a hacer del monte un punto de referencia no solo religioso, sino también cultural.

Significado Cultural y Espiritual en la Actualidad

Peregrinación Moderna:

- **Símbolo de Esperanza y Superación:** Para los peregrinos modernos, llegar al Monte do Gozo sigue siendo un momento de gran importancia. Representa el final inminente de una jornada física y espiritual, y es un lugar donde muchos experimentan una profunda sensación de logro y gratitud. En un mundo cada vez más acelerado, el Camino de Santiago y el Monte do Gozo ofrecen un espacio para la reflexión, el silencio y la conexión con lo sagrado.

- **Encuentro Internacional:** El Monte do Gozo continúa siendo un lugar de encuentro para personas de todo el mundo. A lo largo del Camino, los peregrinos forman comunidades temporales, y el Monte do Gozo es a menudo el lugar donde esas relaciones se consolidan y donde se celebra la diversidad de culturas y experiencias que convergen en Santiago de Compostela.

Legado Histórico y Futuro:

 • **Conservación y Patrimonio:** Reconocido como parte del Patrimonio de la Humanidad de la UNESCO, el Monte do Gozo es objeto de esfuerzos de conservación para asegurar que su legado perdure. Las autoridades locales y organizaciones de peregrinos trabajan para mantener las instalaciones en buen estado y para proteger el entorno natural y espiritual del monte.

 • **Retos y Oportunidades:** El Monte do Gozo también enfrenta retos, como la necesidad de gestionar el impacto del turismo masivo y de mantener el equilibrio entre desarrollo y preservación. Sin embargo, estos desafíos son vistos como oportunidades para innovar y para mejorar la experiencia de los peregrinos y visitantes, asegurando que el monte siga siendo un lugar de importancia central en el Camino de Santiago.

Conclusión

El Monte do Gozo es un lugar que combina historia, espiritualidad y cultura en un entorno que ha sido testigo de

siglos de peregrinación. Desde la emoción de los peregrinos medievales al divisar las torres de la catedral, hasta su renovación como un espacio moderno de encuentro y celebración, el Monte do Gozo continúa siendo un símbolo del Camino de Santiago. Es un lugar donde la fe, la historia y la comunidad se entrelazan, ofreciendo a todos los que lo visitan una experiencia profunda y transformadora.

SANTIAGO DE COMPOSTELA

Y llegamos al final de nuestro camino, entramos en la capital de Galicia.

Catedral de Santiago de Compostela

Santiago de Compostela es una ciudad que, a lo largo de los siglos, ha tejido una rica narrativa donde la historia se entrelaza con mitos y leyendas. Este rincón de Galicia, al noroeste de España, ha sido un epicentro espiritual desde el descubrimiento de la tumba del Apóstol Santiago el Mayor en el siglo IX, lo que dio origen a una de las rutas de peregrinación más importantes del mundo cristiano: el Camino de Santiago. La ciudad, cuya catedral monumental se erige como un faro de fe y arte, ha sido testigo de innumerables acontecimientos históricos, desde la Edad

Media hasta la actualidad, y cada piedra en sus calles cuenta una historia.

Más allá de su importancia religiosa, Santiago de Compostela es un lugar donde la cultura gallega se vive en cada rincón, donde los mitos antiguos se mezclan con la devoción popular, y donde los monumentos no solo son símbolos de fe, sino también de una rica tradición artística y cultural. A través de este texto, exploraremos en profundidad la historia, los monumentos y las leyendas que hacen de Santiago de Compostela una ciudad única, un lugar donde el pasado y el presente coexisten en un equilibrio armonioso.

Historia de Santiago de Compostela

Orígenes antiguos y la era prerromana

Antes de convertirse en un centro de peregrinación cristiana, la región que hoy conocemos como Santiago de Compostela ya tenía una rica historia. Los primeros asentamientos en Galicia se remontan a los celtas, que habitaron estas tierras antes de la llegada de los romanos. Galicia era conocida por su paisaje montañoso y su costa accidentada, y estaba habitada por tribus celtas que tenían su propia cultura y religión.

Los castros, antiguos asentamientos fortificados celtas, son un testimonio de esta era. Estos pueblos, situados en colinas estratégicas, eran centros de vida comunitaria y defensa. Aunque Santiago de Compostela no tiene un castro en su núcleo urbano, la influencia celta en la región es innegable, y muchos de los mitos y tradiciones que persisten hasta hoy tienen raíces en estas antiguas creencias.

Con la llegada de los romanos, Galicia fue incorporada al Imperio Romano bajo el nombre de Gallaecia. Los romanos trajeron consigo su cultura, su lengua y su religión, pero también respetaron en gran medida las tradiciones locales. La región se romanizó lentamente, y con el tiempo, comenzó a adoptar el cristianismo, que se expandió a lo largo de los siglos.

El descubrimiento del sepulcro del Apóstol Santiago

El evento que transformó para siempre la historia de Santiago de Compostela fue el descubrimiento del sepulcro del Apóstol Santiago el Mayor a principios del siglo IX. Según la tradición, los restos de Santiago, después de su martirio en Jerusalén, fueron trasladados por sus discípulos a Galicia, donde fueron enterrados en secreto para protegerlos de los saqueadores.

En el año 813, un ermitaño llamado Pelayo vio una serie de luces brillantes en el cielo que lo aron a un lugar en el bosque, cerca de lo que hoy es Santiago de Compostela. Informó de este milagro al obispo Teodomiro de Iria Flavia, quien organizó una expedición para investigar el sitio. Allí, encontraron una tumba que contenía los restos de tres personas, que se identificaron como los del Apóstol Santiago y sus discípulos Teodoro y Atanasio.

Este descubrimiento fue considerado un milagro y pronto se extendió por toda Europa. El rey Alfonso II de Asturias, conocido como Alfonso el Casto, reconoció la importancia del hallazgo y ordenó la construcción de una iglesia en el sitio. Esta pequeña iglesia fue el comienzo de lo que más tarde se convertiría en la gran Catedral de Santiago de Compostela.

El auge de la peregrinación medieval

Con el descubrimiento del sepulcro de Santiago, la ciudad comenzó a atraer a peregrinos de toda Europa. En una época en que los viajes eran peligrosos y difíciles, la peregrinación a Santiago se convirtió en una de las tres principales

peregrinaciones cristianas, junto con Roma y Jerusalén. A lo largo de los siglos, millones de personas caminaron por las diversas rutas que conducen a Santiago, conocidas colectivamente como el Camino de Santiago.

El Camino de Santiago no solo fue una ruta espiritual, sino también un corredor de intercambio cultural y económico. A lo largo de sus rutas, se construyeron monasterios, hospitales, puentes y albergues para atender a los peregrinos. Estos caminos también sirvieron para difundir el arte románico y gótico, la literatura y las ideas, convirtiendo al Camino en una vía de comunicación vital para la Europa medieval.

En Santiago de Compostela, la pequeña iglesia original fue reemplazada por una gran catedral románica, cuya construcción comenzó en 1075 bajo el reinado de Alfonso VI de León y Castilla. La catedral se convirtió en un símbolo del poder espiritual y político de la ciudad, y con el tiempo, se añadieron elementos góticos y barrocos, como la famosa fachada del Obradoiro y el Pórtico de la Gloria.
Santiago de Compostela en la Edad Moderna

Con la llegada de la Edad Moderna, Santiago de Compostela continuó evolucionando tanto en su estructura urbana como en su relevancia religiosa y política. Durante este período, la ciudad experimentó significativos cambios en respuesta a las reformas religiosas, las guerras y la transformación cultural que marcó Europa entre los siglos XV y XVIII.

Las Reformas y la Contrarreforma

El siglo XVI trajo consigo un periodo de agitación religiosa en Europa, con el surgimiento del Protestantismo que desafiaba la hegemonía de la Iglesia Católica. España, bajo el dominio de los Reyes Católicos y, más tarde, del Imperio Español, se mantuvo como uno de los bastiones del catolicismo, liderando la Contrarreforma para combatir las influencias protestantes.

Santiago de Compostela, como uno de los centros más importantes de la cristiandad, jugó un papel destacado en este contexto. La ciudad se consolidó como un símbolo de la fe católica, y la iglesia local se esforzó por reforzar la ortodoxia religiosa y purificar las prácticas devocionales. Durante este período, se realizaron renovaciones y ampliaciones significativas en la catedral y otros edificios religiosos, con el objetivo de reafirmar la grandiosidad y la centralidad de la Iglesia Católica en la vida de los fieles.

La Inquisición también tuvo presencia en Santiago de Compostela, con tribunales que vigilaban y castigaban las desviaciones de la fe católica. Aunque la Inquisición es más conocida por su brutalidad en otras regiones, en Galicia, su impacto fue más limitado, pero dejó una huella en la historia local.

Impacto de las Guerras y Conflictos

El siglo XVII estuvo marcado por una serie de conflictos bélicos que afectaron a toda Europa, incluyendo la Guerra de los Treinta Años y las guerras de sucesión en España.

Aunque Santiago de Compostela no fue un campo de batalla directo, la inestabilidad general y las crisis económicas tuvieron efectos significativos en la región.

Durante estos siglos, Galicia sufrió de aislamiento y pobreza relativa en comparación con otras partes de España. Sin embargo, la fe y la devoción hacia Santiago continuaron atrayendo a peregrinos, lo que proporcionó una fuente constante de ingresos para la ciudad. Este flujo de peregrinos ayudó a mitigar algunos de los efectos negativos de las guerras y mantuvo viva la economía local.

Renovación Barroca de la Catedral y Otros Edificios

Santo dos croques

Uno de los periodos más brillantes en la historia arquitectónica de Santiago de Compostela fue el barroco, entre los siglos XVII y XVIII. Durante este tiempo, la catedral y otros edificios clave de la ciudad fueron renovados y embellecidos con un estilo que buscaba inspirar la devoción a través de la grandeza y la emotividad de sus formas.

La **fachada del Obradoiro**, diseñada por Fernando de Casas Novoa y finalizada en 1740, es quizás el ejemplo más notable de esta renovación barroca. Esta fachada, con sus torres gemelas y su ornamentación elaborada, se ha convertido en el rostro icónico de la catedral y de la propia ciudad. Su diseño está cargado de simbolismo religioso, representando la gloria celestial y el poder de la fe.

Otros edificios, como el **Monasterio de San Martín Pinario** y la **Iglesia de San Francisco**, también fueron renovados o construidos durante este periodo. Estos monumentos reflejan la riqueza y el poder de la Iglesia en Santiago de Compostela, así como su deseo de manifestar la gloria de Dios a través de la arquitectura y el arte.

Santiago en la Era Contemporánea

Resurgimiento del Camino de Santiago en el Siglo XX

Con el paso del tiempo, y especialmente tras la llegada de la Ilustración y la secularización de la sociedad europea, el fervor religioso que había alimentado el flujo de peregrinos a Santiago disminuyó significativamente. Durante el siglo XIX, el Camino de Santiago cayó en declive, y el número de peregrinos que llegaban a la ciudad se redujo drásticamente. Sin embargo, a finales del siglo XX, comenzó un renacimiento que ha continuado hasta nuestros días.

El resurgimiento del Camino de Santiago comenzó a tomar forma en los años 80, impulsado por varios factores. En primer lugar, la designación del Camino como Patrimonio de la Humanidad por la UNESCO en 1985 jugó un papel crucial. Esta declaración no solo reconoció la importancia histórica y cultural del Camino, sino que también atrajo la atención internacional hacia él.

Otro factor importante fue la creciente popularidad del senderismo y el turismo cultural. A medida que más personas buscaban experiencias auténticas y significativas, el Camino de Santiago ofrecía una combinación única de desafío físico, espiritualidad y conexión con la historia. Las rutas del Camino comenzaron a atraer no solo a peregrinos religiosos, sino también a turistas y viajeros en busca de una experiencia introspectiva y cultural.

En 1993, cuando se celebró el Año Santo Jacobeo, el número de peregrinos aumentó significativamente. Desde entonces, la infraestructura del Camino ha mejorado enormemente, con la creación de nuevos albergues, la señalización mejorada de las rutas y el apoyo institucional tanto a nivel local como nacional. Hoy en día, el Camino de Santiago es uno de los itinerarios de peregrinación más transitados del mundo, con cientos de miles de personas completando la ruta cada año.

Reconocimiento como Patrimonio de la Humanidad por la UNESCO

El reconocimiento de Santiago de Compostela como Patrimonio de la Humanidad en 1985 por la UNESCO fue un hito que subrayó la importancia global de la ciudad y su catedral. Este reconocimiento destacó no solo la arquitectura y la historia de la ciudad, sino también su papel como símbolo de la peregrinación cristiana y su impacto en la cultura europea.

La UNESCO reconoció que Santiago de Compostela era mucho más que un lugar de culto; era un crisol de influencias culturales que habían dejado una marca indeleble en la historia de Europa. La conservación y protección de su patrimonio se convirtieron en prioridades, lo que permitió que la ciudad mantuviera su carácter histórico mientras se adaptaba a las necesidades del mundo moderno.

Este reconocimiento internacional también impulsó el turismo, que se convirtió en una fuente crucial de ingresos para la región. La ciudad, con sus calles empedradas, sus plazas históricas y su vibrante vida cultural, se convirtió en un destino atractivo no solo para los peregrinos, sino para turistas de todo el mundo.

La Ciudad Hoy: Turismo, Cultura y Vida Universitaria

En la actualidad, Santiago de Compostela es una ciudad que equilibra su rica herencia histórica con una vida contemporánea dinámica. El turismo sigue siendo una parte vital de la economía local, con millones de visitantes que llegan cada año para explorar su patrimonio cultural, caminar por el Camino de Santiago y disfrutar de la gastronomía gallega.

La **Universidad de Santiago de Compostela**, fundada en 1495, es una de las más antiguas de España y sigue siendo un pilar fundamental de la vida de la ciudad. La universidad atrae a estudiantes de toda España y del extranjero, y su presencia mantiene a Santiago como un centro intelectual y juvenil. La mezcla de estudiantes, peregrinos y turistas crea un ambiente vibrante y cosmopolita, donde la tradición y la modernidad coexisten armoniosamente.

Culturalmente, la ciudad ofrece una variedad de festivales, conciertos y exposiciones a lo largo del año. El **Festival Internacional de Música de Galicia**, el **Festival de Cine Euroárabe Amal**, y las **Fiestas del Apóstol Santiago** son solo algunos ejemplos de la rica vida cultural de la ciudad.

Monumentos de Santiago de Compostela

La Catedral de Santiago de Compostela

Historia de la Catedral

La Catedral de Santiago de Compostela es, sin lugar a dudas, el monumento más emblemático de la ciudad y uno de los templos más importantes de la cristiandad. Su construcción comenzó en 1075 bajo la dirección del obispo Diego Peláez, durante el reinado de Alfonso VI de León y Castilla. La catedral fue diseñada en estilo románico, con influencias del arte prerrománico asturiano, aunque con el tiempo se añadieron elementos góticos y barrocos.

La catedral fue construida sobre el sitio donde, según la tradición, se encontraron los restos del Apóstol Santiago. El edificio original, conocido como la Catedral Románica, fue completado en gran medida en el siglo XII. Durante la Edad Media, la catedral no solo servía como lugar de culto, sino también como un lugar de acogida para los miles de peregrinos que llegaban cada año.

Con el paso de los siglos, la catedral fue ampliada y embellecida. En el siglo XVI, se añadió la **fachada de la**

Azabachería, y en el siglo XVIII, se construyó la majestuosa **fachada del Obradoiro**, un impresionante ejemplo de arquitectura barroca que se ha convertido en la imagen más icónica de la catedral.

La Fachada del Obradoiro

La fachada del Obradoiro es quizás la parte más reconocible de la catedral, conocida por su estilo barroco exuberante y su majestuosidad. Esta fachada fue diseñada por Fernando de Casas Novoa y completada en 1740. Su nombre, "Obradoiro", proviene del gallego y significa "taller", en referencia al lugar donde los canteros trabajaban en la construcción
de la catedral.

La fachada está flanqueada por dos torres gemelas, conocidas como la **Torre de las Campanas** y la **Torre de la Carraca**, que añaden simetría y grandeza al conjunto. En el centro, una gran escalinata conduce a la entrada principal, sobre la cual se encuentran numerosas estatuas de santos y apóstoles, con Santiago el Mayor en su papel de peregrino dominando la escena desde lo alto.

El diseño de la fachada es rico en simbolismo cristiano, con cada elemento cuidadosamente pensado para transmitir un mensaje religioso. Las estatuas y relieves representan a figuras clave de la Biblia y de la historia de la Iglesia, y la composición general busca guiar al espectador hacia una experiencia espiritual de admiración y reverencia.

El Pórtico de la Gloria

El Pórtico de la Gloria, ubicado en la entrada occidental de la catedral, es una de las obras maestras de la escultura románica. Fue realizado por el Maestro Mateo y sus ayudantes entre 1168 y 1188, y se considera una de las grandes joyas del arte medieval europeo.

Este pórtico está dividido en tres arcos que representan el Juicio Final, con Cristo en majestad rodeado por los cuatro evangelistas, los ángeles y los ancianos del Apocalipsis. La figura central de Cristo Pantocrátor es impresionante, y a su alrededor, cada figura está esculpida con un detalle sorprendente, mostrando una profundidad de expresión y un dinamismo que era inusual para la época.

El Pórtico de la Gloria no solo es una obra de arte religiosa, sino también un mensaje teológico complejo, que representa la esperanza de la salvación y la gloria eterna. Durante siglos, los peregrinos han tocado la figura de Santiago en el pórtico como un gesto de devoción, y aunque esto ha causado desgaste en la piedra, también ha añadido una capa de historia y significado a la obra.

La Tumba del Apóstol Santiago

En el corazón de la catedral, bajo el altar mayor, se encuentra la cripta que alberga los restos del Apóstol Santiago. Este es el lugar más sagrado de la catedral y el destino final de los peregrinos que recorren el Camino de Santiago.

La tumba está en una pequeña capilla de mármol, decorada con motivos religiosos. Según la tradición, los restos fueron trasladados aquí desde su lugar original de enterramiento en el siglo IX, y han permanecido en la catedral desde entonces, a pesar de los saqueos y conflictos que han afectado a la ciudad a lo largo de los siglos.

El acceso a la tumba es un momento culminante para los peregrinos, que a menudo se detienen para orar y reflexionar sobre su viaje. La tumba es un recordatorio poderoso de la conexión entre Santiago de Compostela y la historia del cristianismo en Europa.

El Botafumeiro

El botafumeiro es uno de los elementos más famosos y únicos de la catedral. Este gigantesco incensario de latón, que pesa alrededor de 80 kilogramos, es uno de los mayores incensarios del mundo. Se cuelga de una cuerda en el crucero de la catedral y es balanceado por un grupo de hombres llamados "tiraboleiros" durante ciertas misas solemnes.

El uso del botafumeiro tiene un origen práctico y simbólico. Originalmente, se usaba para purificar el aire en la catedral, especialmente en la Edad Media, cuando las multitudes de peregrinos creaban una atmósfera sofocante. Sin embargo, con el tiempo, el botafumeiro se convirtió en un símbolo de la catedral y del propio Camino de Santiago.

El espectáculo de ver el botafumeiro en acción, balanceándose a gran velocidad a lo largo del crucero, es una experiencia memorable para cualquiera que visite la catedral. El incienso que se quema en su interior llena el aire con un aroma dulce, creando una atmósfera que combina la solemnidad con la majestuosidad del ritual.

Plaza del Obradoiro

La **Plaza del Obradoiro** es el corazón de Santiago de Compostela y uno de los espacios públicos más emblemáticos de España. Esta plaza, cuyo nombre significa "plaza del taller" en gallego, debe su nombre al hecho de que fue el lugar donde los canteros y obreros trabajaron durante siglos en la construcción y renovación de la catedral. Es un lugar de encuentro, no solo para los habitantes de la ciudad, sino también para los miles de peregrinos que culminan su viaje en esta explanada frente a la majestuosa fachada del Obradoiro de la catedral.

Historia y Significado

La Plaza del Obradoiro se desarrolló a lo largo de los siglos, acompañando el crecimiento de la catedral y la ciudad. Durante la Edad Media, este espacio comenzó a tomar forma a medida que la catedral adquiría importancia como lugar de peregrinación. En el siglo XVIII, con la finalización de la fachada barroca de la catedral, la plaza adquirió su configuración actual.

La plaza está rodeada por edificios históricos que representan diversas etapas de la historia de Santiago de Compostela. Cada uno de estos edificios contribuye a la riqueza arquitectónica y cultural del espacio, haciendo de la Plaza del Obradoiro un museo al aire libre donde se encuentran los estilos románico, gótico, renacentista y barroco.

Edificios Circundantes

1.   **Hostal de los Reyes Católicos**: Este edificio, situado al lado norte de la plaza, fue construido por orden de los Reyes Católicos en 1499 como un hospital para atender a los peregrinos que llegaban a Santiago. Diseñado en estilo plateresco, combina elementos góticos y renacentistas y es considerado uno de los paradores nacionales más antiguos y lujosos de España. Hoy en día, el Hostal de los Reyes Católicos funciona como un hotel de lujo, conocido como Parador de Santiago, pero conserva su

función original de acoger a los viajeros, manteniendo así una tradición de más de 500 años.

2.	**Palacio de Raxoi**: En el lado occidental de la plaza se encuentra el Palacio de Raxoi, un edificio neoclásico construido en 1766 por orden del arzobispo Bartolomé de Raxoi. Originalmente, el palacio fue concebido como un seminario para sacerdotes y como sede del ayuntamiento. Hoy, el Palacio de Raxoi sigue siendo la sede del Ayuntamiento de Santiago de Compostela y de la Presidencia de la Xunta de Galicia. La fachada del edificio está adornada con esculturas de figuras mitológicas y religiosas, destacando una representación del apóstol Santiago.

3.	**Colegio de San Jerónimo**: Situado en el lado sur de la plaza, el Colegio de San Jerónimo es un edificio de origen medieval que ha sido reconstruido varias veces a lo largo de los siglos. Fue fundado en 1501 como colegio para estudiantes pobres por el arzobispo Alonso de Fonseca. El edificio actual presenta una mezcla de estilos arquitectónicos, con una notable fachada plateresca que incorpora elementos originales del siglo XVI. Hoy en día, alberga la sede del Rectorado de la Universidad de Santiago de Compostela.

4.	**Catedral de Santiago de Compostela**: Dominando el este de la plaza, la catedral es el punto focal de la Plaza del Obradoiro. Su fachada barroca, la más conocida de la catedral, es una obra maestra de la arquitectura del siglo XVIII y constituye el telón de fondo perfecto para los peregrinos que llegan al final de su viaje. La catedral, con su mezcla de estilos arquitectónicos y su rica historia, es un testimonio del papel central que ha jugado Santiago de Compostela en la historia religiosa de Europa.

La Plaza del Obradoiro es mucho más que un simple espacio urbano; es un símbolo de la historia y el espíritu de Santiago de Compostela. Desde este lugar, los visitantes pueden contemplar el esplendor de la ciudad y reflexionar sobre los siglos de historia, fe y cultura que han moldeado este rincón del mundo.

Monasterio de San Martín Pinario

El **Monasterio de San Martín Pinario** es el segundo complejo religioso más grande de Santiago de Compostela, solo superado en tamaño por la catedral. Situado cerca de la Plaza del Obradoiro, este monasterio es uno de los edificios más impresionantes de la ciudad, tanto por su tamaño como por su riqueza artística y arquitectónica.

Historia del Monasterio

El origen del Monasterio de San Martín Pinario se remonta al siglo X, cuando un grupo de monjes benedictinos decidió establecerse en la zona. Con el tiempo, el monasterio fue adquiriendo importancia y acumulando riquezas, especialmente durante la Edad Media, cuando se convirtió en uno de los centros monásticos más poderosos de Galicia. Su nombre, "Pinario", deriva del pino (pinar) que se encontraba en el lugar donde se asentaron los primeros monjes.

El edificio actual comenzó a construirse en el siglo XVI, aunque la mayor parte de la obra que hoy podemos ver data de los siglos XVII y XVIII. El monasterio es un reflejo de la prosperidad que alcanzó la orden benedictina en Santiago de Compostela, y su diseño combina elementos renacentistas, barrocos y neoclásicos.

Arquitectura y Arte

El Monasterio de San Martín Pinario es una obra maestra del barroco gallego. Su imponente fachada, con columnas salomónicas y una decoración exuberante, es un ejemplo típico del estilo barroco, diseñado para impresionar y transmitir la gloria divina. La iglesia del monasterio, dedicada a San Martín de Tours, es igualmente impresionante, con un interior ricamente decorado que incluye altares de estilo churrigueresco, una variante especialmente ornamentada del barroco.

El retablo mayor de la iglesia es uno de los más grandes y elaborados de Galicia, y fue realizado por los escultores Fernando de Casas Novoa y Simón Rodríguez en el siglo XVIII. Este retablo está dedicado a San Benito, fundador de la orden benedictina, y está adornado con esculturas y relieves que representan escenas de la vida de los santos.

El monasterio también cuenta con varios claustros, el más grande de los cuales es el **Claustro de las Procesiones**, un espacio de gran serenidad y belleza que sirve como lugar de meditación y reflexión para los monjes. Otros espacios destacados incluyen la sacristía, la biblioteca y la sala capitular, cada una decorada con obras de arte que reflejan la rica herencia espiritual y cultural del monasterio.

Función Actual

Hoy en día, el Monasterio de San Martín Pinario alberga el Seminario Mayor de la Archidiócesis de Santiago de Compostela, así como la Facultad de Teología de la Universidad de Santiago. Parte del complejo también se ha convertido en un museo, donde los visitantes pueden explorar la historia del monasterio y admirar su arte y arquitectura. Además, el monasterio acoge exposiciones temporales y eventos culturales, manteniendo así su papel como centro de la vida espiritual y cultural de Santiago.

Iglesia de San Francisco

La **Iglesia de San Francisco**, situada cerca de la catedral, es otro de los monumentos religiosos más importantes de Santiago de Compostela. Esta iglesia y convento fueron fundados, según la tradición, por el propio San Francisco de Asís durante su peregrinación a Santiago en 1214. Aunque esta historia no está confirmada históricamente, la orden franciscana ha estado presente en la ciudad desde la Edad Media, y su iglesia es un lugar de gran devoción.

Fundación y Leyendas

La leyenda cuenta que San Francisco de Asís, en su peregrinación a Santiago, fue recibido por una familia noble gallega que le ofreció un terreno para construir un convento. Este primer convento fue sencillo, acorde con el espíritu de pobreza y humildad de la orden franciscana. Sin embargo, el convento creció en importancia a lo largo de los siglos, y el edificio original fue reemplazado por uno más grande y ornamentado en el siglo XVIII.

Aunque la iglesia ha sido reconstruida varias veces a lo largo de su historia, la devoción a San Francisco y la leyenda de su fundación han perdurado, y el convento sigue siendo un lugar importante de culto y peregrinación.

Arquitectura y Obras de Arte

La iglesia actual fue construida entre 1742 y 1800 en estilo barroco, con algunas influencias neoclásicas en su fachada. El edificio es imponente, con una fachada austera pero elegante, caracterizada por sus líneas simples y sus grandes pilastras que enmarcan la entrada principal.

El interior de la iglesia es sobrio, en consonancia con la espiritualidad franciscana, pero cuenta con varias obras de arte de gran valor. El retablo mayor, dedicado a San Francisco, es un buen ejemplo del arte barroco gallego, con esculturas y relieves que narran la vida del santo. La iglesia también alberga varias capillas laterales dedicadas a diversos santos, así como una imagen muy venerada de la Virgen de los Dolores.

El convento adyacente a la iglesia es un lugar de tranquilidad y reflexión, con un hermoso claustro que invita a la meditación. El convento también alberga un pequeño museo franciscano que cuenta la historia de la orden en Galicia y muestra objetos litúrgicos, vestimentas y manuscritos antiguos.

Función Actual

Hoy en día, la Iglesia de San Francisco sigue siendo un lugar activo de culto y es sede de la orden franciscana en Santiago de Compostela. La iglesia celebra misas diarias y es un punto de referencia para los fieles de la ciudad. Además, cada año, el convento organiza eventos y actividades culturales, manteniendo viva la tradición franciscana y su vínculo con la historia de Santiago.

Museo del Pueblo Gallego

El **Museo del Pueblo Gallego**, ubicado en el antiguo Convento de Santo Domingo de Bonaval, es uno de los museos más importantes de Galicia y un lugar imprescindible para entender la cultura y las tradiciones gallegas. Este museo etnográfico ofrece una visión completa de la vida gallega, desde sus orígenes celtas hasta la actualidad, a través de una rica colección de objetos, herramientas, trajes y arte popular.

Historia del Convento de Santo Domingo de Bonaval

El Convento de Santo Domingo de Bonaval fue fundado en el siglo XIII por la orden dominicana. El convento original fue ampliado y renovado a lo largo de los siglos, adquiriendo su configuración actual en el siglo XVIII. El edificio es un magnífico ejemplo de arquitectura religiosa gallega, con elementos góticos, renacentistas y barrocos.

El convento fue desamortizado en el siglo XIX, como muchos otros edificios religiosos en España, y cayó en desuso hasta que fue restaurado y convertido en museo en 1976. La restauración respetó la estructura original del convento, pero también añadió elementos modernos para adaptar el espacio a su nueva función.

Colecciones y Exposiciones

El Museo del Pueblo Gallego cuenta con una amplia colección que abarca todos los aspectos de la vida gallega. Sus exposiciones permanentes están organizadas en varias secciones temáticas que incluyen:

1.   **Etnografía**: Esta sección presenta la vida cotidiana de los gallegos, con una colección de herramientas agrícolas, objetos domésticos y trajes tradicionales. Los visitantes pueden aprender sobre las técnicas tradicionales de pesca, agricultura y artesanía que han caracterizado a Galicia durante siglos.

2.	**Arquitectura Popular**: Aquí se muestran modelos a escala de las diferentes tipologías arquitectónicas gallegas, como las "pallozas" (viviendas circulares de origen celta) y los "hórreos" (graneros elevados). Estas estructuras son ejemplos únicos de la adaptación al entorno y al clima gallegos.

3.	**Trajes Tradicionales**: El museo alberga una rica colección de indumentaria tradicional gallega, que incluye trajes de fiesta, de trabajo y de gala, así como joyería y otros complementos. Estos trajes reflejan la identidad cultural gallega y sus variaciones regionales.

4.	**Arte Sacro**: Esta sección muestra la devoción religiosa en Galicia a través de una colección de imágenes, relicarios, cruces y otros objetos litúrgicos. La importancia de la religión en la vida gallega queda patente en esta exposición.

5.	**Cultura del Mar**: Galicia, con su extensa costa, ha estado siempre vinculada al mar. Esta sección está dedicada a la pesca y a las actividades marítimas, con una colección que incluye maquetas de barcos, herramientas de pesca y redes, así como una exposición sobre la vida de los pescadores gallegos.

El museo también alberga exposiciones temporales que abordan diversos aspectos de la cultura gallega, desde el arte contemporáneo hasta la fotografía, y cuenta con una biblioteca especializada en temas gallegos.

Función Cultural

El Museo del Pueblo Gallego es más que un lugar de exhibición; es un centro activo de investigación y divulgación cultural. Organiza talleres, conferencias y cursos sobre temas relacionados con la cultura y la historia gallegas, y colabora con instituciones educativas y culturales tanto a nivel regional como internacional.

Además, el museo desempeña un papel importante en la preservación y promoción de la lengua gallega, apoyando iniciativas que buscan revitalizar el uso del gallego en la vida cotidiana y en los medios de comunicación.

Otras Iglesias y Conventos

Además de los grandes monumentos ya mencionados, Santiago de Compostela cuenta con numerosas iglesias y conventos que, aunque menos conocidos, son igualmente valiosos desde el punto de vista histórico y artístico. Estos lugares reflejan la rica tradición religiosa de la ciudad y ofrecen un vistazo a la vida espiritual de sus habitantes a lo largo de los siglos.

Iglesia de Santa María Salomé

La **Iglesia de Santa María Salomé** es una de las pocas iglesias dedicadas a esta santa en toda Europa. Fue construida en el siglo XII y es un buen ejemplo de la arquitectura románica compostelana, aunque ha sufrido varias remodelaciones a lo largo de los siglos, lo que ha añadido elementos góticos y barrocos a su estructura.

El interior de la iglesia es austero pero acogedor, con una nave única y una serie de capillas laterales. El retablo mayor, de estilo barroco, está dedicado a la Virgen María y es uno de los elementos más destacados del templo. La iglesia también es conocida por su imagen de Santa María Salomé, que es venerada por las mujeres que desean quedar embarazadas, ya que la santa es considerada protectora de las mujeres en parto.

Convento de San Paio de Antealtares

El **Convento de San Paio de Antealtares** es un monasterio benedictino fundado en el siglo IX, poco después del descubrimiento de la tumba del Apóstol Santiago. Originalmente, el convento fue destinado a los monjes encargados de custodiar el sepulcro del Apóstol, pero en el siglo XV pasó a ser un convento de monjas benedictinas.

El convento está situado justo detrás de la catedral, y su austera fachada barroca contrasta con la riqueza de su interior. La iglesia del convento, dedicada a San Pelayo, es un hermoso ejemplo del barroco compostelano, con un retablo mayor que representa la gloria de los santos benedictinos. El convento también alberga un pequeño museo de arte sacro, donde se exponen obras de arte religioso, incluyendo pinturas, esculturas y relicarios.

Iglesia de Santa Clara

La **Iglesia de Santa Clara** y su convento adyacente son otro ejemplo destacado del patrimonio religioso de Santiago de Compostela. Fundado en 1260 por la orden de las Clarisas, este convento ha sido un importante centro de devoción y espiritualidad durante siglos. La iglesia, reconstruida en el siglo XVII, es un buen ejemplo de la arquitectura barroca gallega, con una fachada sobria pero elegante.

El interior de la iglesia es de una belleza serena, con un retablo mayor dedicado a la Inmaculada Concepción y varias capillas laterales que albergan imágenes de santos muy venerados en la región. El convento sigue siendo habitado por monjas clarisas, que continúan con su vida de oración y servicio a la comunidad.

Calles y Plazas Históricas de Santiago de Compostela

Santiago de Compostela es una ciudad cuya historia se respira en cada esquina. Sus calles y plazas, muchas de ellas de origen medieval, son testigos mudos de los miles de peregrinos y viajeros que han pasado por ellas a lo largo de los siglos. A continuación, exploraremos algunas de las calles y plazas más emblemáticas de la ciudad, destacando su historia, arquitectura y el papel que desempeñan en la vida cotidiana de Santiago.

Plaza de Platerías

La **Plaza de Platerías** es una de las plazas más conocidas de Santiago de Compostela, situada en el lado sur de la catedral. Esta plaza recibe su nombre de los talleres de plateros (platerías) que se encontraban allí durante la Edad Media. Es la única de las plazas que rodean la catedral que ha conservado su nombre original y es famosa por su belleza arquitectónica y por albergar uno de los elementos más singulares de la catedral: la **fachada de Platerías**.

Historia y Significado

La Plaza de Platerías ha sido un lugar de comercio y artesanía desde los primeros tiempos de la catedral. Durante la Edad Media, los artesanos y comerciantes se congregaban aquí para vender sus productos, y los plateros, en particular, eran muy apreciados por los peregrinos que buscaban recuerdos religiosos y objetos de devoción. La presencia de los talleres de plateros dio nombre a la plaza, que se ha mantenido a lo largo de los siglos.

Fachada de Platerías

La fachada de Platerías es la única de las fachadas románicas originales de la catedral que ha sobrevivido casi intacta. Fue construida en el siglo XII y está adornada con una serie de esculturas y relieves que representan escenas bíblicas y figuras simbólicas. Entre las escenas más destacadas se encuentran el sacrificio de Isaac, la tentación de Cristo y la imagen del Rey David.

Uno de los aspectos más interesantes de la fachada de Platerías es la mezcla de elementos románicos con esculturas procedentes de otros lugares de la catedral. A lo largo de los siglos, las esculturas de Platerías han sido reubicadas y reorganizadas, creando una composición única que es un reflejo de la rica historia y evolución de la catedral.

La Fuente de los Caballos

En el centro de la Plaza de Platerías se encuentra la **Fuente de los Caballos**, una fuente monumental que data del siglo XIX. Esta fuente, también conocida como "Fuente de las Platerías", es una de las más emblemáticas de Santiago de Compostela y está decorada con figuras de caballos que parecen estar bebiendo de la fuente.

La fuente ha sido objeto de varias leyendas a lo largo de los años. Una de ellas dice que los caballos representan a los caballos de los discípulos de Santiago, quienes, según la leyenda, fueron convertidos en piedra después de negarse a abandonar la ciudad. Otra leyenda sostiene que beber de esta fuente otorga la fuerza y la valentía de un caballo a los peregrinos que llegan a Santiago.

La Plaza de Platerías, con su combinación de historia, arte y leyendas, es un lugar de gran simbolismo en Santiago de Compostela, un punto de encuentro donde los visitantes pueden sentir la profunda conexión entre la ciudad y su pasado.

Plaza de la Quintana

La **Plaza de la Quintana** es otra de las plazas que rodean la catedral, situada en el lado este del templo. Esta plaza se divide en dos niveles: la **Quintana de Vivos** y la **Quintana de Mortos**, nombres que aluden a su uso original como cementerio. La Plaza de la Quintana es un espacio amplio y austero, rodeado de edificios de piedra que reflejan la sobriedad del estilo barroco gallego.

Historia y Simbología

La Plaza de la Quintana ha sido un lugar de gran importancia en la vida religiosa y social de Santiago de Compostela. Durante la Edad Media, la parte baja de la plaza, conocida como Quintana de Mortos, era un cementerio donde se enterraba a los muertos. Con el tiempo, la plaza fue pavimentada y dividida en dos niveles, lo que dio lugar a los nombres actuales.

La **Quintana de Vivos**, la parte superior de la plaza, es el lugar donde se encuentran algunas de las entradas más importantes a la catedral, incluyendo la **Puerta Santa**. Esta puerta solo se abre durante los Años Santos Jacobeos, cuando la festividad del Apóstol Santiago cae en domingo. Pasar por la Puerta Santa es un acto de especial significación religiosa, ya que se cree que otorga indulgencias a los fieles que lo hacen.

Escalinata y Monumentos

La Plaza de la Quintana está dominada por una monumental escalinata que conecta los dos niveles de la plaza. Esta escalinata, construida en el siglo XVII, es uno de los elementos arquitectónicos más notables de la plaza y ofrece un magnífico punto de vista de la catedral y los edificios circundantes.

En la plaza también se encuentra el **Monasterio de San Paio de Anteltares**, cuya fachada barroca añade un toque de sobriedad y grandeza al conjunto. Este monasterio, fundado en el siglo IX, ha sido un importante centro de vida monástica en Santiago y su presencia en la Plaza de la Quintana subraya la conexión entre la vida religiosa y la vida cotidiana en la ciudad.

La Plaza de la Quintana es un lugar cargado de historia y simbolismo, un espacio donde se entrelazan la vida y la muerte, lo sagrado y lo profano. Su atmósfera austera y solemne invita a la reflexión y al recogimiento, haciendo de ella un lugar especial en el corazón de Santiago.

Plaza de Azabachería

La **Plaza de Azabachería**, situada en el lado norte de la catedral, es otra de las plazas históricas de Santiago de Compostela. Esta plaza debe su nombre a los talleres de azabacheros que se encontraban allí en la Edad Media. El azabache, una piedra semipreciosa de color negro, ha sido tradicionalmente trabajado en Galicia para hacer amuletos y objetos religiosos, especialmente conchas de vieira, que los peregrinos compraban como símbolo de su peregrinación.

Historia y Significado

La Plaza de Azabachería ha sido, durante siglos, un lugar de comercio y encuentro para los peregrinos que llegaban a Santiago. Los azabacheros, artesanos especializados en el trabajo del azabache, tenían aquí sus talleres y vendían sus productos a los peregrinos que deseaban llevar consigo un recuerdo de su viaje.

La plaza también es conocida por su fachada norte de la catedral, donde se encuentra la **Puerta de la Azabachería**. Esta puerta, que data del siglo XVIII, reemplazó a una anterior puerta románica y está decorada con esculturas y relieves que representan figuras bíblicas y santos. Aunque es menos conocida que otras puertas de la catedral, la Puerta de la Azabachería es un importante punto de acceso al templo.

Arquitectura y Entorno

La Plaza de Azabachería está rodeada por una serie de edificios históricos que reflejan la diversidad arquitectónica de Santiago de Compostela. Además de la catedral, en la plaza se encuentran el **Palacio de Gelmírez**, un edificio medieval que fue residencia de los arzobispos de Santiago, y el **Monasterio de San Martín Pinario**, cuyo imponente conjunto domina el lado oeste de la plaza.

El ambiente de la Plaza de Azabachería es menos solemne que el de la Plaza de la Quintana, pero igualmente impregnado de historia. Aquí, los visitantes pueden experimentar una parte diferente de la vida de Santiago, más orientada hacia el comercio y la interacción social, pero siempre enmarcada por la presencia constante de la catedral.

Rúa do Franco y Rúa da Raíña

Las **Rúa do Franco** y **Rúa da Raíña** son dos de las calles más animadas y conocidas de Santiago de Compostela, situadas en el centro histórico de la ciudad. Estas calles, que corren paralelas entre sí, son famosas por sus restaurantes, bares y tiendas, y representan el bullicioso corazón comercial y social de Santiago.

Historia y Origen del Nombre

La Rúa do Franco recibe su nombre de los francos, un término que en la Edad Media se utilizaba para referirse a los extranjeros, especialmente a los comerciantes de otras partes de Europa que se establecieron en Santiago. Esta calle ha sido, desde sus orígenes, un lugar de comercio y encuentro para los peregrinos y habitantes de la ciudad.

La Rúa da Raíña, cuyo nombre significa "Calle de la Reina", tiene un origen más legendario. Según la tradición, su nombre podría estar relacionado con la reina Lupa, una figura mítica asociada con la historia del Apóstol Santiago. Aunque no hay evidencia histórica directa que conecte a la reina Lupa con esta calle, la leyenda ha perdurado y sigue siendo parte del encanto de Santiago.

Comercio y Gastronomía

Hoy en día, tanto la Rúa do Franco como la Rúa da Raíña son conocidas por su vibrante vida nocturna y su oferta gastronómica. Estas calles están llenas de restaurantes que ofrecen lo mejor de la cocina gallega, incluyendo platos tradicionales como el pulpo a la gallega, las empanadas, los pimientos de Padrón y el marisco fresco. También es común encontrar bares de tapas donde los visitantes pueden disfrutar de una experiencia más informal.

Además de la gastronomía, estas calles están llenas de tiendas que venden recuerdos, productos artesanales y, por supuesto, conchas de vieira, el símbolo por excelencia de la peregrinación a Santiago. La vida en estas calles no se detiene, especialmente durante las festividades del Apóstol Santiago, cuando la ciudad se llena de visitantes y peregrinos.

Ambiente y Significado Cultural

La Rúa do Franco y la Rúa da Raíña son lugares donde la tradición y la modernidad se encuentran. Aunque el comercio y la gastronomía son las principales atracciones, estas calles también son un reflejo de la historia y la cultura de Santiago de Compostela. Caminar por ellas es experimentar una parte esencial de la vida compostelana, donde el espíritu de la ciudad se manifiesta en su gente, su comida y su ambiente animado.

Estas calles son el corazón palpitante de Santiago, donde se puede sentir la energía de la ciudad y su conexión con la historia y la peregrinación. Para muchos visitantes, una visita a Santiago de Compostela no está completa sin haber recorrido la Rúa do Franco y la Rúa da Raíña, disfrutando de su comida, su historia y su vibrante vida social.

Parques y Jardines Históricos

Santiago de Compostela no es solo una ciudad de historia y monumentos, sino también un lugar de gran belleza natural.

Los parques y jardines de la ciudad ofrecen un respiro verde en medio del casco histórico, proporcionando espacios tranquilos para la reflexión y la contemplación. A continuación, exploramos algunos de los parques y jardines más importantes de Santiago de Compostela.

Parque de la Alameda

El **Parque de la Alameda** es el parque más emblemático de Santiago de Compostela y uno de los lugares favoritos tanto de los locales como de los visitantes. Este parque, situado al suroeste de la catedral, ofrece unas vistas panorámicas excepcionales del casco histórico y es un lugar perfecto para pasear, relajarse y disfrutar de la naturaleza.

Historia y Descripción

El Parque de la Alameda se desarrolló principalmente en el siglo XIX, aunque su historia se remonta mucho más atrás. Durante siglos, este espacio fue utilizado como terreno comunal, y en el siglo XVII se plantaron las primeras alineaciones de árboles que darían forma al parque que conocemos hoy. En el siglo XIX, el parque fue ampliado y embellecido, convirtiéndose en un lugar de recreo para la alta sociedad compostelana.

El parque está dividido en tres áreas principales: **La Alameda**, **La Carballeira de Santa Susana** y **El Paseo de la Herradura**. La Alameda es la parte más urbana, con amplios paseos bordeados por árboles centenarios, fuentes y estatuas. La Carballeira de Santa Susana, situada en una colina, es un área más salvaje y natural, con robles y otras especies autóctonas que crean un ambiente de bosque. El Paseo de la Herradura, llamado así por su forma, es un lugar ideal para disfrutar de las vistas panorámicas de la catedral y del casco antiguo.

Atractivos del Parque

El Parque de la Alameda alberga varios monumentos y elementos artísticos que merecen una visita. Entre ellos, destaca la **Escultura de las Dos Marías**, una estatua que representa a dos mujeres, las hermanas Coralia y Maruxa Fandiño, que eran conocidas por pasear por el parque a la misma hora cada día en la década de 1950. Las Dos Marías se han convertido en un símbolo de la resistencia a la represión durante la dictadura franquista y son una parte querida del parque.

Otro punto de interés es la **Fuente de los Tilos**, una fuente rodeada de árboles y con una estructura que recuerda a un templete clásico. La fuente es un lugar popular para hacer fotos y disfrutar de la frescura del agua en los días cálidos.

El parque también cuenta con una serie de miradores desde los cuales se puede obtener una vista incomparable de la catedral y de la ciudad. Estos miradores son especialmente populares al atardecer, cuando la luz dorada baña las piedras de la catedral y crea una atmósfera mágica.

Parque de Bonaval

El **Parque de Bonaval** es otro de los espacios verdes más importantes de Santiago de Compostela. Situado en las laderas del Monte de San Domingos, al norte del casco histórico, este parque se encuentra en los terrenos del antiguo Convento de Santo Domingo de Bonaval y ofrece una combinación única de historia, arte y naturaleza.

Historia y Características

El Parque de Bonaval fue diseñado en la década de 1990 por el arquitecto portugués Álvaro Siza y el paisajista gallego Isabel Aguirre. Su diseño respeta y realza las características naturales y arquitectónicas del sitio, creando un espacio que integra perfectamente los elementos históricos con el entorno natural.

El parque está dividido en varias áreas que se adaptan a las terrazas y pendientes naturales del terreno. Una de las características más destacadas es el antiguo **cementerio** del convento, que ha sido restaurado y convertido en una zona de paseo que invita a la reflexión. Las lápidas y los monumentos funerarios se mezclan con los árboles y arbustos, creando un ambiente sereno y contemplativo.

Espacios de Arte y Cultura

Además de su belleza natural, el Parque de Bonaval es también un lugar de arte y cultura. El parque alberga el **Centro Galego de Arte Contemporánea (CGAC)**, un edificio diseñado por Álvaro Siza que se integra armoniosamente en el paisaje. El CGAC es uno de los principales centros de arte contemporáneo de Galicia y organiza exposiciones, talleres y eventos culturales a lo largo del año.

El parque también se conecta con el **Museo do Pobo Galego**, situado en el antiguo convento. Este museo etnográfico, que ya mencionamos anteriormente, ofrece una visión completa de la vida y cultura gallega, y su ubicación en el parque refuerza la conexión entre la historia y la naturaleza.

Ambiente y Vistas

El Parque de Bonaval es un lugar de tranquilidad y belleza, un espacio donde los visitantes pueden escapar del bullicio del casco histórico y disfrutar de la paz de la naturaleza. Las terrazas y senderos del parque ofrecen vistas panorámicas de la ciudad, con la catedral y los tejados de Santiago recortándose en el horizonte.

El parque es también un lugar popular para eventos culturales y comunitarios, desde conciertos al aire libre hasta actividades educativas. Su diseño y ubicación lo convierten en un espacio flexible que puede adaptarse a diferentes usos, manteniendo siempre su carácter de refugio natural en el corazón de Santiago.

Monte do Gozo

El **Monte do Gozo** es un lugar de especial importancia para los peregrinos que llegan a Santiago de Compostela. Situado a unos 5 kilómetros al noreste de la catedral, este monte es conocido por ser el lugar desde donde los peregrinos tienen su primera visión de las torres de la catedral después de días o semanas de caminata.

Historia y Significado

El Monte do Gozo, cuyo nombre significa "Monte de la Alegría", ha sido un lugar de peregrinación desde la Edad Media. Para los peregrinos, ver las torres de la catedral desde este punto es un momento de gran emoción, ya que marca la culminación de su arduo viaje. Tradicionalmente, los peregrinos se arrodillaban y daban gracias a Dios por haber llegado tan lejos.

En 1989, con motivo de la visita del Papa Juan Pablo II y la celebración de la Jornada Mundial de la Juventud en Santiago, se construyó un gran monumento en la cima del monte. Este monumento, conocido como el **Monumento del Monte do Gozo**, incluye una escultura que representa a dos peregrinos señalando hacia la catedral, y una cruz con la concha de vieira, símbolo del Camino de Santiago.

Espacios y Actividades

El Monte do Gozo es hoy un gran parque que ofrece múltiples servicios para los peregrinos y visitantes. El parque cuenta con áreas de descanso, un albergue de peregrinos, una capilla y varios miradores desde los cuales se puede disfrutar de la vista de la ciudad. También hay un auditorio al aire libre donde se celebran conciertos y otros eventos culturales.

El Monte do Gozo es un lugar ideal para reflexionar sobre el viaje realizado y prepararse para la llegada a la catedral. Muchos peregrinos eligen pasar la noche aquí antes de recorrer los últimos kilómetros hasta la catedral al día siguiente, lo que añade un sentido de anticipación y culminación a su peregrinación.

El parque es también un lugar popular para los locales, especialmente durante los fines de semana, cuando muchas familias y grupos de amigos vienen aquí para disfrutar de un día al aire libre, hacer picnics o simplemente pasear por los senderos.

Mitos y Leyendas de Santiago de Compostela

Santiago de Compostela no es solo un lugar de historia y arquitectura, sino también un espacio lleno de mitos y leyendas que enriquecen su identidad y atraen a aquellos interesados en el misterio y la tradición. A lo largo de los siglos, la ciudad ha sido escenario de numerosas historias que mezclan lo sagrado con lo profano, lo histórico con lo legendario. A continuación, exploramos algunas de las leyendas más conocidas de Santiago de Compostela.

La Leyenda del Apóstol Santiago

Mitos sobre la Vida del Apóstol en España

La leyenda más importante de Santiago de Compostela es
, sin duda, la que cuenta la historia del Apóstol Santiago el Mayor, uno de los doce apóstoles de Jesucristo. Según la tradición, después de la muerte de Jesús, Santiago viajó a la Península Ibérica para predicar el cristianismo. Aunque hay poca evidencia histórica que respalde este viaje, la leyenda sostiene que Santiago recorrió Galicia y otras partes de la península, convirtiendo a muchos al cristianismo.

Después de regresar a Jerusalén, Santiago fue decapitado por orden del rey Herodes Agripa, convirtiéndose en el primer mártir cristiano. Según la leyenda, sus discípulos recogieron su cuerpo y lo llevaron de regreso a Galicia, donde fue enterrado en un lugar desconocido.

La Batalla de Clavijo y Santiago Matamoros

Otra leyenda muy popular es la que relata la **Batalla de Clavijo**, que supuestamente tuvo lugar en el año 844. Según esta leyenda, Santiago apareció milagrosamente en la batalla para ayudar al rey Ramiro I de Asturias y a sus tropas cristianas a derrotar a los moros. Santiago fue representado montando un caballo blanco y blandiendo una espada, lo que le valió el título de "Santiago Matamoros".

Aunque la historicidad de la Batalla de Clavijo es cuestionable, la imagen de Santiago Matamoros se convirtió en un símbolo poderoso durante la Reconquista y fue utilizada para inspirar a los cristianos en su lucha contra los musulmanes. Esta figura de Santiago ha sido representada en numerosas obras de arte y es un tema recurrente en la iconografía religiosa española.

La Leyenda del Gallo y la Gallina

Una de las leyendas más curiosas de Santiago de Compostela es la del **Gallo y la Gallina**. Según la historia, un joven peregrino alemán que viajaba con sus padres hacia Santiago fue acusado injustamente de robar una copa de plata en una posada en Santo Domingo de la Calzada, una localidad por la que pasa el Camino de Santiago.

El joven fue condenado a la horca, pero milagrosamente sobrevivió gracias a la intervención del Apóstol Santiago. Cuando los padres del joven acudieron a la casa del juez para rogar por su vida, encontraron al juez a punto de comerse un gallo y una gallina asados. En ese momento, las aves se levantaron del plato y comenzaron a cantar, demostrando así la inocencia del joven.

Como resultado de este milagro, el joven fue liberado, y en Santo Domingo de la Calzada se construyó una iglesia donde, hasta el día de hoy, se mantienen un gallo y una gallina vivos como testimonio de la leyenda. Aunque la historia tiene lugar en Santo Domingo de la Calzada, está íntimamente ligada al Camino de Santiago y a la devoción al Apóstol Santiago, lo que la hace relevante para la historia y el folclore de Santiago de Compostela.

La Fuente de los Caballos

Como se mencionó anteriormente, la **Fuente de los Caballos** en la Plaza de Platerías es objeto de varias leyendas. Una de las más conocidas sostiene que los caballos de la fuente son en realidad caballos de los discípulos de Santiago, convertidos en piedra como castigo por su desobediencia.

Otra variante de la leyenda dice que los caballos pertenecen a caballeros cristianos que, tras morir en combate, fueron transformados en estatuas para proteger la ciudad de Santiago. La fuente, que data del siglo XIX, se ha convertido en un símbolo de Santiago de Compostela, y beber de su agua es considerado por algunos como un ritual de purificación y buena suerte.

La Leyenda del Santo dos Croques

El **Santo dos Croques** es otra figura mítica asociada a Santiago de Compostela. Según la leyenda, el Santo dos Croques es una escultura que representa a un maestro medieval, ubicada en el Pórtico de la Gloria de la catedral. Los estudiantes de la Universidad de Santiago de Compostela, que es una de las universidades más antiguas de España, solían acudir al Santo dos Croques antes de los exámenes para recibir su bendición.

El ritual consistía en dar un pequeño golpe (un "croque") con la cabeza en la figura del maestro, esperando así obtener su sabiduría y ayuda para superar los exámenes. Aunque esta práctica ha sido prohibida para proteger la escultura, la leyenda sigue viva entre los estudiantes, y el Santo dos Croques es un símbolo de la vida académica en Santiago de Compostela.

El Juego de la Oca

Finalmente, una de las leyendas más intrigantes es la que conecta el **Juego de la Oca** con el Camino de Santiago. Según algunos estudiosos, el Juego de la Oca, un popular juego de mesa en Europa, podría estar inspirado en el Camino de Santiago. Se cree que el tablero del juego, con sus casillas en espiral y sus símbolos de puentes, posadas y ocas, refleja el viaje espiritual y físico de los peregrinos hacia Santiago.

En el juego, el objetivo es llegar al centro del tablero, que simboliza Santiago de Compostela, superando obstáculos y peligros a lo largo del camino. Algunos ven en este juego una representación alegórica del viaje de la vida y la búsqueda de la salvación espiritual, con el Camino de Santiago como su principal inspiración.

Conclusión

Santiago de Compostela es una ciudad donde la historia, la fe y la cultura se entrelazan de manera única. Desde sus monumentos y plazas históricas hasta sus parques y jardines, cada rincón de la ciudad cuenta una historia que se remonta a siglos atrás. Los mitos y leyendas que rodean a Santiago de Compostela enriquecen aún más su identidad, creando un tapiz de narrativas que atraen a peregrinos, turistas y estudiosos por igual.

La catedral de Santiago, con su imponente presencia y su rica historia, sigue siendo el corazón de la ciudad, un lugar donde se han reunido millones de personas a lo largo de los siglos, buscando consuelo, inspiración y redención. Las calles y plazas que rodean la catedral, como la Plaza del Obradoiro, la Plaza de Platerías y la Rúa do Franco, vibran con la energía de la vida cotidiana y el legado de generaciones pasadas.

Los parques como la Alameda y Bonaval ofrecen un respiro de la intensidad del centro histórico, proporcionando espacios de paz y reflexión. Mientras tanto, los mitos y leyendas de Santiago, desde la aparición del Apóstol Santiago en la Batalla de Clavijo hasta la misteriosa conexión con el Juego de la Oca, añaden una capa de misterio y encanto que hace de Santiago de Compostela un lugar verdaderamente especial.

En resumen, Santiago de Compostela es mucho más que un destino de peregrinación; es un lugar donde la historia, la espiritualidad y la cultura se entrelazan para crear una experiencia única e inolvidable. Ya sea que llegues como peregrino, turista o simplemente como un curioso explorador, Santiago de Compostela tiene algo que ofrecer a todos, y siempre hay una nueva historia, una nueva leyenda o un nuevo rincón por descubrir en esta ciudad mágica.

El final del camino

La luz del amanecer comenzaba a teñir el cielo de tonos rosados y dorados cuando las torres de la catedral de Santiago de Compostela aparecieron a lo lejos, emergiendo entre la niebla como un faro de esperanza. Cada paso que daba en dirección a la Plaza del Obradoiro parecía resonar en la memoria de mis pies cansados, que habían recorrido tantas millas desde Ourense,

Mientras cruzaba el umbral de la ciudad, la sensación de haber alcanzado algo más grande que un simple destino físico se hizo más palpable. Cada piedra del Camino Sanabrés guardaba historias de quienes lo habían recorrido antes que yo, y ahora, al final de esta peregrinación, sentía que todas esas historias peregri

El recorrido había sido arduo, lleno de desafíos tanto físicos como emocionales. Recordé los días en los que el cuerpo se negaba a continuar, cuando las lluvias torrenciales o el sol abrasador parecían poner a prueba mi determinación. Sin embargo, esos ritmo natural de mi cuerpo, a respetar sus límites, pero también a superarlos con cada nueva jornada. Las montañas de O Cebreiro, imponentes y majestuosas, me recordaron la grandeza de la vasto universo, pero con una

Cada albergue en el que me alojé, cada hogar que me acogió, fue un refugio no solo para mi cuerpo, sino también para mi alma. Las conversaciones con otros peregrinos, a veces en lenguas desconocidas, se transformaron en un lenguaje universal de fraternidad y comprensión. En la sencillez de compartir una comida, en el calor de un fuego encendido, en el abrazo de un demá

Y luego estaban los momentos de soledad, aquellos tramos del Camino en los que solo el viento y el susurro de las hojas me acompañaban. En esos instantes, aprendí a enfrentarme a mis propios pensamientos, a aceptar mis miedos, mis inseguridades y, lo más importante, a reconciliarme con ellos. La soledad en el Camino Sanabrés me enseñó que no estaba solo en absoluto; parte de mi vida hasta ese

Al llegar finalmente a la Plaza del Obradoiro, me detuve en seco, como si un impulso invisible me impidiera dar el último paso. Ante mí, la catedral se erigía en toda su gloria, imponente y hermosa, su piedra antigua impregnada de siglos de fe, esperanza y sacrificio. Las campanas sonaron en ese instante, anunciando una llegado al final del Camino, pero lo que más me impactó fue la final no era más que un nuevo

Caminé lentamente hacia la catedral, sintiendo cada piedra bajo mis pies, como si el mismo suelo quisiera contarme su historia. Me acerqué al Pórtico de la Gloria, esa obra maestra que había visto en tantas fotos, pero que ahora, frente a mis ojos, parecía cobrar vida. Toqué el parteluz, como lo habían hecho tantos antes que yo, y en ese momento, comprendí el verdadero significado del despedid

Con los ojos cerrados, respiré hondo, permitiendo que el aire de Santiago llenara mis pulmones, mezclado con el olor a incienso y la humedad de la piedra. Abrí los ojos y observé la multitud de peregrinos que, como yo, habían llegado a este mismo punto, cada uno con su propia historia, su propia travesía interior. paz que sentía en mi

Finalmente, me senté en el centro de la plaza, mirando hacia el cielo que ahora se tornaba azul. En ese instante, supe que el Camino Sanabrés había transformado cada aspecto de mi ser. Había comenzado como una peregrinación exterior, un reto físico, pero terminó siendo un viaje interior mucho más profundo. Santiago no era el destino final, sino un punto de inflexión, un

Mientras el sol se alzaba completamente, inundando la catedral de luz, me levanté con una nueva determinación. No había terminado mi viaje, simplemente estaba listo para comenzar uno nuevo, con una visión renovada y un corazón lleno de gratitud. Dejé atrás la Plaza del Obradoiro, no como un peregrino que

Dedicatoria

A ti, querido lector, que has recorrido estas páginas como un peregrino más en el sendero de las palabras, quiero dedicarte este final. Gracias por acompañarme en este viaje, por dejar que cada paso narrado resuene en tu propio corazón y por permitir que esta historia se entrelace con la tuya.

El Camino es una metáfora de la vida, y al llegar al final de este libro, quiero recordarte que cada camino que emprendas estará lleno de aprendizajes, desafíos y momentos de pura belleza. Que las experiencias aquí compartidas te inspiren a seguir explorando, a caminar con valentía y a abrazar cada momento con gratitud.

Este libro es tanto tuyo como mío, porque sin tu mirada curiosa y tu mente abierta, las palabras no tendrían sentido. Así que, desde lo más profundo de mi ser, gracias. Que el espíritu del Camino te acompañe siempre, donde quiera que vayas.

Teléfonos y direcciones de interés

Albergues

1. **Albergue de Peregrinos de Ourense**
    - **Dirección:** Rúa Vicente Risco, 1, 32001 Ourense, España
    - **Teléfono:** +34 988 37 11 11
    - **Página Web:** <u>Albergue de Peregrinos de Ourense</u>
    - **Email:** info@albergueourense.com

2. **Albergue de Peregrinos de Cea**
    - **Dirección:** Av. de Santiago, 4, 32130 Cea, Ourense, España
    - **Teléfono:** +34 988 28 80 07
    - **Página Web:** <u>Albergue de Peregrinos de Cea</u>
    - **Email:** info@alberguecea.com

3. **Albergue de Peregrinos de Dozón**
    - **Dirección:** Calle Real, s/n, 36518 Dozón, Pontevedra, España
    - **Teléfono:** +34 986 79 00 26
    - **Página Web:** <u>Albergue de Peregrinos de Dozón</u>
    - **Email:** info@albergueourense.com

4. **Albergue de Peregrinos de Oseira**
    - **Dirección:** Monasterio de Oseira, 32136 San Cristovo de Cea, Ourense, España
    - **Teléfono:** +34 988 28 70 13
    - **Página Web:** <u>Albergue de Peregrinos de Oseira</u>
    - **Email:** info@albergueoseira.com

5. **Albergue de Peregrinos de Lalín**
    - **Dirección:** Rúa Pombal, 15, 36500 Lalín, Pontevedra, España
    - **Teléfono:** +34 986 78 11 56
    - **Página Web:** <u>Albergue de Peregrinos de Lalín</u>
    - **Email:** info@alberguelalin.com

Hostales y Casas Rurales

6. Hostal La Rotonda

- **Dirección:** Rúa San Paio, 6, 32001 Ourense, España
- **Teléfono:** +34 988 22 30 00
- **Página Web:** Hostal La Rotonda
- **Email:** info@hostallarotonda.com

7. Casa Rural O Canto da Terra
   - **Dirección:** Rúa San Pedro, 15, 32130 Cea, Ourense, España
   - **Teléfono:** +34 988 28 80 70
   - **Página Web:** Casa Rural O Canto da Terra
   - **Email:** info@ocantodaterra.com

8. Hostal Sequeiros
   - **Dirección:** Rúa Ramón y Cajal, 1, 32005 Ourense, España
   - **Teléfono:** +34 988 25 95 99
   - **Página Web:** Hostal Sequeiros
   - **Email:** info@hostalsequeiros.com

9. Pazo de Esposende
   - **Dirección:** Lugar de Esposende, 1, 32134 Ribadavia, Ourense, España
   - **Teléfono:** +34 988 47 60 50
   - **Página Web:** Pazo de Esposende
   - **Email:** info@pazodeesposende.com

10. Casa Grande de Soutullo
    - **Dirección:** Lugar de Soutullo, 8, 32412 Ourense, España
    - **Teléfono:** +34 988 47 67 12
    - **Página Web:** Casa Grande de Soutullo
    - **Email:** info@casagrandesoutullo.com

Hoteles

11. Hotel Francisco II
    - **Dirección:** Rúa Bedoya, 17, 32004 Ourense, España
    - **Teléfono:** +34 988 24 66 11
    - **Página Web:** Hotel Francisco II
    - **Email:** info@hotelfrancisco.com

12. Gran Hotel San Martín
    - **Dirección:** Rúa Curros Enríquez, 1, 32003 Ourense, España
    - **Teléfono:** +34 988 22 11 11
    - **Página Web:** Gran Hotel San Martín
    - **Email:** info@granhotelsanmartin.com

13. Hostal Lido
    - **Dirección:** Rúa Ervedelo, 1, 32002 Ourense, España
    - **Teléfono:** +34 988 22 12 08

- **Página Web:** <u>Hostal Lido</u>
- **Email:** info@hostallido.com

14. Hotel Princess
- **Dirección:** Avenida de la Habana, 45, 32003 Ourense, España

- **Teléfono:** +34 988 22 00 11
- **Página Web:** <u>Hotel Princess</u>
- **Email:** info@hotelprincess.es

15. Parador de Santo Estevo
- **Dirección:** Monasterio de Santo Estevo, 32162 Nogueira de Ramuín, Ourense, España
- **Teléfono:** +34 988 01 00 11
- **Página Web:** <u>Parador de Santo Estevo</u>
- **Email:** info@parador.es

16. Hotel Oca Vila de Allariz
- **Dirección:** Paseo do Arnado, 1, 32660 Allariz, Ourense, España

- **Teléfono:** +34 988 43 01 00
- **Página Web:** <u>Hotel Oca Vila de Allariz</u>
- **Email:** info@ocahotels.com

Estos lugares ofrecen una amplia gama de opciones de alojamiento para peregrinos, desde albergues hasta hoteles de lujo, proporcionando una experiencia cómoda y hospitalaria en el Camino Sanabrés. Los datos que aquí se reflejan pueden contener errores.

Ferias y Fiestas en el Camino Sanabrés desde Ourense hasta Santiago de Compostela

El Camino Sanabrés ofrece a los peregrinos una rica experiencia cultural y festiva. A lo largo del recorrido desde Ourense hasta Santiago de Compostela, se celebran numerosas ferias y fiestas que reflejan las tradiciones y la vida local de Galicia. Aquí se presenta una lista ampliada que incluye ferias y fiestas hasta Santiago de Compostela.

Ourense

1. Fiestas de San Martiño
- **Fecha:** 11 de noviembre
- **Descripción:** Fiestas patronales con procesiones, conciertos y actividades culturales.
-

2. Entroido (Carnaval)
- **Fecha:** Febrero o marzo
- **Descripción:** Desfiles de disfraces, comparsas, música y la tradicional "Festa da Cachucha".
-

3. Feria del Vino de Monterrei
- **Fecha:** Agosto
- **Descripción:** Degustaciones de vinos de la región y actividades relacionadas con la viticultura.
-

San Cristovo de Cea

4. Feria del Pan de Cea
- **Fecha:** Primer domingo de julio
- **Descripción:** Celebración del Pan de Cea con degustaciones y demostraciones.
-

5. Fiestas de San Antonio
- **Fecha:** 13 de junio
- **Descripción:** Actos religiosos, procesiones y verbenas.
-

Oseira

6. Fiestas del Monasterio de Oseira
- **Fecha:** Semana Santa y 15 de agosto

- **Descripción:** Actos litúrgicos solemnes y procesiones en el monasterio.
-

Dozón

7. Fiestas de San Salvador
- **Fecha:** 6 de agosto
- **Descripción:** Misas, procesiones y actividades tradicionales.
-
8. Feria de San Miguel
- **Fecha:** 29 de septiembre
- **Descripción:** Mercado tradicional y exhibiciones de ganado.
-

Lalín

9. Feria del Cocido
- **Fecha:** Febrero
- **Descripción:** Dedicada al cocido gallego con degustaciones y actividades culturales.
-
10. Fiestas de San Ramón

- **Fecha:** 31 de agosto
- **Descripción:** Actos religiosos, procesiones y verbenas.
-

11. Feria de los Santos

- **Fecha:** 1 de noviembre
- **Descripción:** Mercado de productos locales y artesanías.
-

Allariz

12. Festas de San Bieito

- **Fecha:** 11 de julio
- **Descripción:** Actos religiosos y danzas tradicionales.
-

13.   Festa do Boi

- **Fecha:** Segunda semana de junio
- **Descripción:** Suelta del buey por las calles, desfiles y eventos culturales.
-

14.   Feria de Artesanía

- **Fecha:** Agosto
- **Descripción:** Exhibición y venta de productos artesanales con talleres en vivo.
-

Ribadavia

15.   Festa da Istoria

- **Fecha:** Último sábado de agosto
- **Descripción:** Recreación de la vida medieval con mercados y justas.
-

16.   Festa da Vendima

- **Fecha:** Octubre
- **Descripción:** Celebración de la cosecha de uva con degustaciones y música.
-

A Laxe

17.   Fiestas de Santiago Apóstol

- **Fecha:** 25 de julio
- **Descripción:** Celebraciones en honor al patrón de España con misas y procesiones.
-

Bandeira

18. Festa do Galo de Curral

- **Fecha:** Tercer domingo de mayo
- **Descripción:** Feria gastronómica dedicada al galo de curral (pollo de corral) con degustaciones y concursos.
-

Silleda

19. Festa do Emigrante

- **Fecha:** Agosto
- **Descripción:** Celebración que honra a los emigrantes de la región con actividades culturales y verbenas.
-

20. Semana Verde de Galicia

- **Fecha:** Junio
- **Descripción:** Feria multisectorial con exposiciones agrícolas, ganaderas y comerciales.
-

Ponte Ulla

21. Festa do Carneiro ao Espeto

- **Fecha:** Último domingo de julio
- **Descripción:** Fiesta gastronómica que destaca el cordero asado al estilo tradicional.
-

Santiago de Compostela

22. Fiestas del Apóstol Santiago

- **Fecha:** 25 de julio
- **Descripción:** Las fiestas más importantes de Santiago de Compostela, con eventos religiosos, conciertos, fuegos artificiales y desfiles.

•

23.	Feria de la Ascensión

- **Fecha:** Mayo (fecha variable)
- **Descripción:** Feria agrícola y ganadera con exposiciones, música, y actividades para todas las edades.
-

24.	Festival Internacional de Cine Euroárabe Amal

- **Fecha:** Octubre
- **Descripción:** Festival de cine que promueve el diálogo entre las culturas árabe y europea a través del cine.
-

Estos eventos ofrecen una rica experiencia cultural a los peregrinos que recorren el Camino Sanabrés, permitiéndoles sumergirse en las tradiciones y la vida local de Galicia desde Ourense hasta Santiago de Compostela.

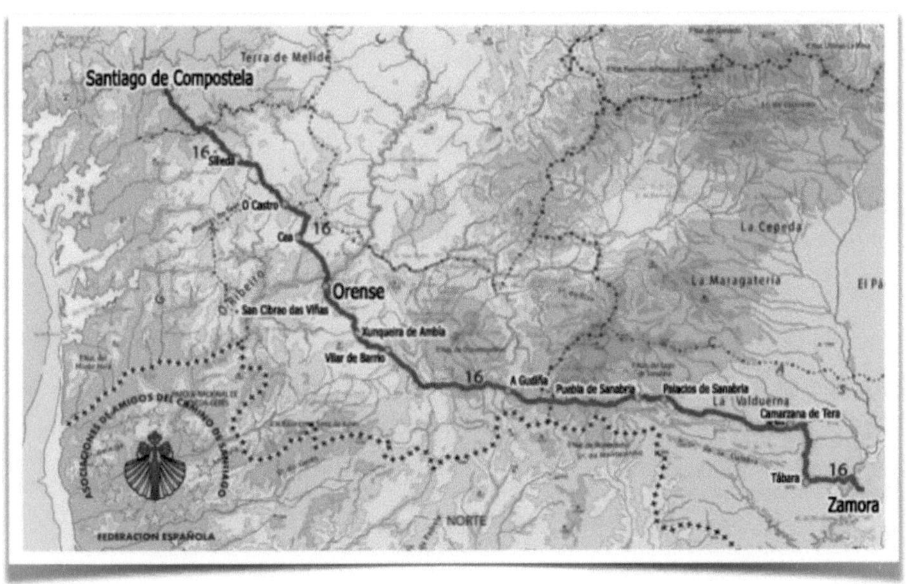

Mapa de la ruta del camino Sanabrés

FSC
www.fsc.org
MIXTO
Papel procedente de
fuentes responsables
Paper from
responsible sources
FSC® C105338